T&P BOOKS

ÁRABE

VOCABULARIO

PALABRAS MÁS USADAS

ESPAÑOL-ÁRABE

Las palabras más útiles
Para expandir su vocabulario y refinar
sus habilidades lingüísticas

5000 palabras

Vocabulario Español-Árabe Egipcio - 5000 palabras más usadas
por Andrey Taranov

Los vocabularios de T&P Books buscan ayudar en el aprendizaje, la memorización y la revisión de palabras de idiomas extranjeros. El diccionario se divide por temas, cubriendo toda la esfera de las actividades cotidianas, de negocios, ciencias, cultura, etc.

El proceso de aprendizaje de palabras utilizando los diccionarios temáticos de T&P Books le proporcionará a usted las siguientes ventajas:

- La información del idioma secundario está organizada claramente y predetermina el éxito para las etapas subsiguientes en la memorización de palabras.
- Las palabras derivadas de la misma raíz se agrupan, lo cual permite la memorización de grupos de palabras en vez de palabras aisladas.
- Las unidades pequeñas de palabras facilitan el proceso de reconocimiento de enlaces de asociación que se necesitan para la cohesión del vocabulario.
- De este modo, se puede estimar el número de palabras aprendidas y así también el nivel de conocimiento del idioma.

T&P Books Publishing
www.tpbooks.com

ISBN: 978-1-78716-738-4

Este libro está disponible en formato electrónico o de E-Book también.
Visite www.tpbooks.com o las librerías electrónicas más destacadas en la Red.

VOCABULARIO ÁRABE EGIPCIO
palabras más usadas

Los vocabularios de T&P Books buscan ayudar al aprendiz a aprender, memorizar y repasar palabras de idiomas extranjeros. Los vocabularios contienen más de 5000 palabras comúnmente usadas y organizadas de manera temática.

- El vocabulario contiene las palabras corrientes más usadas.
- Se recomienda como ayuda adicional a cualquier curso de idiomas.
- Capta las necesidades de aprendices de nivel principiante y avanzado.
- Es conveniente para uso cotidiano, prácticas de revisión y actividades de auto-evaluación.
- Facilita la evaluación del vocabulario.

Aspectos claves del vocabulario

- Las palabras se organizan según el significado, no según el orden alfabético.
- Las palabras se presentan en tres columnas para facilitar los procesos de repaso y auto-evaluación.
- Los grupos de palabras se dividen en pequeñas secciones para facilitar el proceso de aprendizaje.
- El vocabulario ofrece una transcripción sencilla y conveniente de cada palabra extranjera.

El vocabulario contiene 155 temas que incluyen lo siguiente:

Conceptos básicos, números, colores, meses, estaciones, unidades de medidas, ropa y accesorios, comida y nutrición, restaurantes, familia nuclear, familia extendida, características de personalidad, sentimientos, emociones, enfermedades, la ciudad y el pueblo, exploración del paisaje, compras, finanzas, la casa, el hogar, la oficina, el trabajo en oficina, importación y exportación, promociones, búsqueda de trabajo, deportes, educación, computación, la red, herramientas, la naturaleza, los países, las nacionalidades y más ...

TABLA DE CONTENIDO

GUÍA DE PRONUNCIACIÓN 9
ABREVIATURAS 11

CONCEPTOS BÁSICOS 12
Conceptos básicos. Unidad 1 12

1. Los pronombres 12
2. Saludos. Salutaciones. Despedidas 12
3. Como dirigirse a otras personas 13
4. Números cardinales. Unidad 1 13
5. Números cardinales. Unidad 2 14
6. Números ordinales 15
7. Números. Fracciones 15
8. Números. Operaciones básicas 15
9. Números. Miscelánea 15
10. Los verbos más importantes. Unidad 1 16
11. Los verbos más importantes. Unidad 2 17
12. Los verbos más importantes. Unidad 3 18
13. Los verbos más importantes. Unidad 4 19
14. Los colores 19
15. Las preguntas 20
16. Las preposiciones 21
17. Las palabras útiles. Los adverbios. Unidad 1 21
18. Las palabras útiles. Los adverbios. Unidad 2 23

Conceptos básicos. Unidad 2 25

19. Los días de la semana 25
20. Las horas. El día y la noche 25
21. Los meses. Las estaciones 26
22. Las unidades de medida 28
23. Contenedores 28

EL SER HUMANO 30
El ser humano. El cuerpo 30

24. La cabeza 30
25. El cuerpo 31

La ropa y los accesorios 32

26. La ropa exterior. Los abrigos 32
27. Ropa de hombre y mujer 32

28. La ropa. La ropa interior 33
29. Gorras 33
30. El calzado 33
31. Accesorios personales 34
32. La ropa. Miscelánea 34
33. Productos personales. Cosméticos 35
34. Los relojes 36

La comida y la nutrición 37

35. La comida 37
36. Las bebidas 38
37. Las verduras 39
38. Las frutas. Las nueces 40
39. El pan. Los dulces 41
40. Los platos 41
41. Las especias 42
42. Las comidas 43
43. Los cubiertos 43
44. El restaurante 44

La familia nuclear, los parientes y los amigos 45

45. La información personal. Los formularios 45
46. Los familiares. Los parientes 45

La medicina 47

47. Las enfermedades 47
48. Los síntomas. Los tratamientos. Unidad 1 48
49. Los síntomas. Los tratamientos. Unidad 2 49
50. Los síntomas. Los tratamientos. Unidad 3 50
51. Los médicos 51
52. La medicina. Las drogas. Los accesorios 51

EL AMBIENTE HUMANO 53
La ciudad 53

53. La ciudad. La vida en la ciudad 53
54. Las instituciones urbanas 54
55. Los avisos 55
56. El transporte urbano 56
57. El turismo. La excursión 57
58. Las compras 58
59. El dinero 59
60. La oficina de correos 60

La vivienda. La casa. El hogar 61

61. La casa. La electricidad 61

62. La villa. La mansión 61
63. El apartamento 61
64. Los muebles. El interior 62
65. Los accesorios de cama 63
66. La cocina 63
67. El baño 64
68. Los aparatos domésticos 65

LAS ACTIVIDADES DE LA GENTE 66
El trabajo. Los negocios. Unidad 1 66

69. La oficina. El trabajo de oficina 66
70. Los procesos de negocio. Unidad 1 67
71. Los procesos de negocio. Unidad 2 68
72. La producción. Los trabajos 69
73. El contrato. El acuerdo 70
74. Importación y exportación 71
75. Las finanzas 71
76. La mercadotecnia 72
77. La publicidad 72
78. La banca 73
79. El teléfono. Las conversaciones telefónicas 74
80. El teléfono celular 75
81. Los artículos de escritorio. La papelería 75
82. Tipos de negocios 75

El trabajo. Los negocios. Unidad 2 78

83. La exhibición. La feria comercial 78
84. La ciencia. La investigación. Los científicos 79

Las profesiones y los oficios 80

85. La búsqueda de trabajo. El despido 80
86. Los negociantes 80
87. Los trabajos de servicio 81
88. La profesión militar y los rangos 82
89. Los oficiales. Los sacerdotes 83
90. Las profesiones agrícolas 83
91. Las profesiones artísticas 84
92. Profesiones diversas 84
93. Los trabajos. El estatus social 86

La educación 87

94. La escuela 87
95. Los institutos. La Universidad 88
96. Las ciencias. Las disciplinas 89
97. Los sistemas de escritura. La ortografía 89
98. Los idiomas extranjeros 90

El descanso. El entretenimiento. El viaje 92

99. Las vacaciones. El viaje 92
100. El hotel 92

EL EQUIPO TÉCNICO. EL TRANSPORTE 94
El equipo técnico 94

101. El computador 94
102. El internet. El correo electrónico 95
103. La electricidad 96
104. Las herramientas 96

El transporte 99

105. El avión 99
106. El tren 100
107. El barco 101
108. El aeropuerto 102

Acontecimentos de la vida 104

109. Los días festivos. Los eventos 104
110. Los funerales. El entierro 105
111. La guerra. Los soldados 105
112. La guerra. El ámbito militar. Unidad 1 106
113. La guerra. El ámbito militar. Unidad 2 108
114. Las armas 109
115. Los pueblos antiguos 111
116. La Edad Media 111
117. El líder. El jefe. Las autoridades 113
118. Violar la ley. Los criminales. Unidad 1 114
119. Violar la ley. Los criminales. Unidad 2 115
120. La policía. La ley. Unidad 1 116
121. La policía. La ley. Unidad 2 117

LA NATURALEZA 119
La tierra. Unidad 1 119

122. El espacio 119
123. La tierra 120
124. Los puntos cardinales 121
125. El mar. El océano 121
126. Los nombres de los mares y los océanos 122
127. Las montañas 123
128. Los nombres de las montañas 124
129. Los ríos 124
130. Los nombres de los ríos 125
131. El bosque 125
132. Los recursos naturales 126

La tierra. Unidad 2 128

133. El tiempo 128
134. Los eventos climáticos severos. Los desastres naturales 129

La fauna 130

135. Los mamíferos. Los predadores 130
136. Los animales salvajes 130
137. Los animales domésticos 131
138. Los pájaros 132
139. Los peces. Los animales marinos 134
140. Los anfibios. Los reptiles 134
141. Los insectos 135

La flora 136

142. Los árboles 136
143. Los arbustos 136
144. Las frutas. Las bayas 137
145. Las flores. Las plantas 138
146. Los cereales, los granos 139

LOS PAÍSES. LAS NACIONALIDADES 140

147. Europa occidental 140
148. Europa central y oriental 140
149. Los países de la antes Unión Soviética 141
150. Asia 141
151. América del Norte 142
152. Centroamérica y Sudamérica 142
153. África 143
154. Australia. Oceanía 143
155. Las ciudades 143

GUÍA DE PRONUNCIACIÓN

T&P alfabeto fonético	Ejemplo Árabe Egipcio	Ejemplo español
[a]	[ṭaffa] طفّى	radio
[ā]	[eχtār] إختار	contraataque
[e]	[setta] ستّة	verano
[i]	[minā’] ميناء	ilegal
[ī]	[ebrīl] إبريل	destino
[o]	[oɣosṭos] أغسطس	bordado
[ō]	[ḥalazōn] حلزون	domicilio
[u]	[kalkutta] كلكتا	mundo
[ū]	[gamūs] جاموس	nocturna
[b]	[bedāya] بداية	en barco
[d]	[sa‘āda] سعادة	desierto
[ḍ]	[waḍ‘] وضع	[d] faríngea
[ʒ]	[arʒantīn] الأرجنتين	adyacente
[ẓ]	[ẓahar] ظهر	[z] faríngea
[f]	[χafīf] خفيف	golf
[g]	[bahga] بهجة	jugada
[h]	[ettegāh] إتّجاه	registro
[ḥ]	[ḥabb] حبّ	[h] faríngea
[y]	[dahaby] ذهبي	asiento
[k]	[korsy] كرسي	charco
[l]	[lammaḥ] لمّح	lira
[m]	[marṣad] مرصد	nombre
[n]	[ganūb] جنوب	sonar
[p]	[kaputʃino] كابتشينو	precio
[q]	[wasaq] وثق	catástrofe
[r]	[roḥe] روح	era, alfombra
[s]	[soχreya] سخرية	salva
[ṣ]	[me‘ṣam] معصم	[s] faríngea
[ʃ]	[‘aʃā’] عشاء	shopping
[t]	[tanūb] تنوب	torre
[ṭ]	[χarīṭa] خريطة	[t] faríngea
[θ]	[mamūθ] ماموث	pinzas
[v]	[vietnām] فيتنام	travieso
[w]	[wadda‘] ودّع	acuerdo
[χ]	[baχīl] بخيل	reloj
[ɣ]	[etɣadda] إتغدّى	amigo, magnífico
[z]	[me‘za] معزة	desde

T&P alfabeto fonético	Ejemplo Árabe Egipcio	Ejemplo español
['] (ayn)	**[sab'a] سبعة**	fricativa faríngea sonora
['] (hamza)	**[sa'al] سأل**	oclusiva glotal sorda

ABREVIATURAS
usadas en el vocabulario

Abreviatura en Árabe Egipcio

du	-	sustantivo plural (doble)
f	-	sustantivo femenino
m	-	sustantivo masculino
pl	-	plural

Abreviatura en español

adj	-	adjetivo
adv	-	adverbio
anim.	-	animado
conj	-	conjunción
etc.	-	etcétera
f	-	sustantivo femenino
f pl	-	femenino plural
fam.	-	uso familiar
fem.	-	femenino
form.	-	uso formal
inanim.	-	inanimado
innum.	-	innumerable
m	-	sustantivo masculino
m pl	-	masculino plural
m, f	-	masculino, femenino
masc.	-	masculino
mat	-	matemáticas
mil.	-	militar
num.	-	numerable
p.ej.	-	por ejemplo
pl	-	plural
pron	-	pronombre
sg	-	singular
v aux	-	verbo auxiliar
vi	-	verbo intransitivo
vi, vt	-	verbo intransitivo, verbo transitivo
vr	-	verbo reflexivo
vt	-	verbo transitivo

CONCEPTOS BÁSICOS

Conceptos básicos. Unidad 1

1. Los pronombres

yo	ana	أنا
tú (masc.)	enta	أنت
tú (fem.)	enty	أنت
él	howwa	هوّ
ella	hiya	هيّ
nosotros, -as	eḥna	إحنا
vosotros, -as	antom	أنتم
ellos, ellas	hamm	همّ

2. Saludos. Salutaciones. Despedidas

¡Hola! (form.)	assalamu ʿalaykum!	السلام عليكم!
¡Buenos días!	ṣabāḥ el χeyr!	صباح الخير!
¡Buenas tardes!	neharak saʿīd!	نهارك سعيد!
¡Buenas noches!	masāʾ el χeyr!	مساء الخير!
decir hola	sallem	سلّم
¡Hola! (a un amigo)	ahlan!	أهلاً!
saludo (m)	salām (m)	سلام
saludar (vt)	sallem ʿala	سلّم على
¿Cómo estás?	ezzayek?	ازّيك؟
¿Qué hay de nuevo?	aχbārak eyh?	أخبارك ايه؟
¡Chau! ¡Adiós!	maʿ el salāma!	مع السلامة!
¡Hasta pronto!	aʃūfak orayeb!	أشوفك قريب!
¡Adiós!	maʿ el salāma!	مع السلامة!
despedirse (vr)	waddaʿ	ودّع
¡Hasta luego!	bay bay!	باي باي!
¡Gracias!	ʃokran!	شكراً!
¡Muchas gracias!	ʃokran geddan!	شكراً جداً!
De nada	el ʿafw	العفو
No hay de qué	la ʃokr ʿala wāgeb	لا شكر على واجب
De nada	el ʿafw	العفو
¡Disculpa!	ʿan eznak!	عن إذنك!
¡Disculpe!	baʿd ezn ḥadretak!	بعد إذن حضرتك!
disculpar (vt)	ʿazar	عذر
disculparse (vr)	eʿtazar	أعتذر

Mis disculpas	ana ʾāsef	أنا آسف
¡Perdóneme!	ana ʾāsef!	أنا آسف!
perdonar (vt)	ʿafa	عفا
por favor	men faḍlak	من فضلك
¡No se le olvide!	ma tensāʃ!	ما تنساش!
¡Ciertamente!	ṭabʿan!	طبعاً!
¡Claro que no!	laʾ ṭabʿan!	لأ طبعاً!
¡De acuerdo!	ettafaʾna!	إتّفقنا!
¡Basta!	kefāya!	كفاية!

3. Como dirigirse a otras personas

señor	ya ostāz	يا أستاذ
señora	ya madām	يا مدام
señorita	ya ʾānesa	يا آنسة
joven	ya ostāz	يا أستاذ
niño	yabny	يا ابني
niña	ya benty	يا بنتي

4. Números cardinales. Unidad 1

cero	ṣefr	صفر
uno	wāḥed	واحد
una	waḥda	واحدة
dos	etneyn	إتنين
tres	talāta	ثلاثة
cuatro	arbaʿa	أربعة
cinco	xamsa	خمسة
seis	setta	ستّة
siete	sabʿa	سبعة
ocho	tamanya	ثمانية
nueve	tesʿa	تسعة
diez	ʿaʃara	عشرة
once	ḥedāʃar	حداشر
doce	etnāʃar	إتناشر
trece	talattāʃar	تلاتّاشر
catorce	arbaʿtāʃer	أربعتاشر
quince	xamastāʃer	خمستاشر
dieciséis	settāʃar	ستّاشر
diecisiete	sabaʿtāʃar	سبعتاشر
dieciocho	tamantāʃar	تمنتاشر
diecinueve	tesʿatāʃar	تسعتاشر
veinte	ʿeʃrīn	عشرين
veintiuno	wāḥed we ʿeʃrīn	واحد وعشرين
veintidós	etneyn we ʿeʃrīn	إتنين وعشرين
veintitrés	talāta we ʿeʃrīn	ثلاثة وعشرين
treinta	talatīn	ثلاثين

treinta y uno	wāḥed we talatīn	واحد وتلاتين
treinta y dos	etneyn we talatīn	إتنين وتلاتين
treinta y tres	talāta we talatīn	ثلاثة وثلاثين
cuarenta	arbeʿīn	أربعين
cuarenta y uno	wāḥed we arbeʿīn	واحد وأربعين
cuarenta y dos	etneyn we arbeʿīn	إتنين وأربعين
cuarenta y tres	talāta we arbeʿīn	ثلاثة وأربعين
cincuenta	χamsīn	خمسين
cincuenta y uno	wāḥed we χamsīn	واحد وخمسين
cincuenta y dos	etneyn we χamsīn	إتنين وخمسين
cincuenta y tres	talāta we χamsīn	ثلاثة وخمسين
sesenta	settīn	ستّين
sesenta y uno	wāḥed we settīn	واحد وستّين
sesenta y dos	etneyn we settīn	إتنين وستّين
sesenta y tres	talāta we settīn	ثلاثة وستّين
setenta	sabʿīn	سبعين
setenta y uno	wāḥed we sabʿīn	واحد وسبعين
setenta y dos	etneyn we sabʿīn	إتنين وسبعين
setenta y tres	talāta we sabʿīn	ثلاثة وسبعين
ochenta	tamanīn	ثمانين
ochenta y uno	wāḥed we tamanīn	واحد وتمانين
ochenta y dos	etneyn we tamanīn	إتنين وتمانين
ochenta y tres	talāta we tamanīn	ثلاثة وثمانين
noventa	tesʿīn	تسعين
noventa y uno	wāḥed we tesʿīn	واحد وتسعين
noventa y dos	etneyn we tesʿīn	إتنين وتسعين
noventa y tres	talāta we tesʿīn	ثلاثة وتسعين

5. Números cardinales. Unidad 2

cien	miya	ميّة
doscientos	meteyn	ميتين
trescientos	toltomiya	تلتميّة
cuatrocientos	robʿomiya	ربعميّة
quinientos	χomsomiya	خمسميّة
seiscientos	sotomiya	ستميّة
setecientos	sobʿomiya	سبعميّة
ochocientos	tomnomeʾa	ثمنمئة
novecientos	tosʿomiya	تسعميّة
mil	alf	ألف
dos mil	alfeyn	ألفين
tres mil	talat ʾālāf	ثلاث آلاف
diez mil	ʿaʃaret ʾālāf	عشرة آلاف
cien mil	mīt alf	ميت ألف
millón (m)	millyon (m)	مليون
mil millones	millyār (m)	مليار

6. Números ordinales

primero (adj)	awwel	أوّل
segundo (adj)	tāny	ثاني
tercero (adj)	tālet	ثالث
cuarto (adj)	rābeʿ	رابع
quinto (adj)	xāmes	خامس
sexto (adj)	sādes	سادس
séptimo (adj)	sābeʿ	سابع
octavo (adj)	tāmen	ثامن
noveno (adj)	tāseʿ	تاسع
décimo (adj)	ʿāʃer	عاشر

7. Números. Fracciones

fracción (f)	kasr (m)	كسر
un medio	noṣṣ	نص
un tercio	telt	ثلث
un cuarto	robʿ	ربع
un octavo	tomn	تمن
un décimo	ʿoʃr	عشر
dos tercios	teleyn	تلتين
tres cuartos	talātet arbāʿ	ثلاثة أرباع

8. Números. Operaciones básicas

sustracción (f)	ṭarḥ (m)	طرح
sustraer (vt)	ṭaraḥ	طرح
división (f)	ʾesma (f)	قسمة
dividir (vt)	ʾasam	قسم
adición (f)	gamʿ (m)	جمع
sumar (totalizar)	gamaʿ	جمع
adicionar (vt)	gamaʿ	جمع
multiplicación (f)	ḍarb (m)	ضرب
multiplicar (vt)	ḍarab	ضرب

9. Números. Miscelánea

cifra (f)	raqam (m)	رقم
número (m) (~ cardinal)	ʿadad (m)	عدد
numeral (m)	ʿadady (m)	عددي
menos (m)	nāʾeṣ (m)	ناقص
más (m)	zāʾed (m)	زائد
fórmula (f)	moʿadla (f)	معادلة
cálculo (m)	ḥesāb (m)	حساب
contar (vt)	ʿadd	عدّ

calcular (vt)	ḥasab	حسب
comparar (vt)	qāran	قارن
¿Cuánto?	kām?	كام؟
suma (f)	magmūʿ (m)	مجموع
resultado (m)	natīga (f)	نتيجة
resto (m)	bāʾy (m)	باقي
algunos, algunas ...	kām	كام
poco (adv)	ʃewaya	شوية
resto (m)	el bāʾy (m)	الباقي
uno y medio	wāḥed w noṣṣ (m)	واحد ونصّ
docena (f)	desta (f)	دستة
en dos	le noṣṣeyn	لنصّين
en partes iguales	bel tasāwy	بالتساوى
mitad (f)	noṣṣ (m)	نصّ
vez (f)	marra (f)	مرّة

10. Los verbos más importantes. Unidad 1

abrir (vt)	fataḥ	فتح
acabar, terminar (vt)	χallaṣ	خلّص
aconsejar (vt)	naṣaḥ	نصح
adivinar (vt)	χammen	خمّن
advertir (vt)	ḥazzar	حذّر
alabarse, jactarse (vr)	tabāha	تباهى
almorzar (vi)	etɣadda	إتغدّى
alquilar (~ una casa)	estʾgar	إستأجر
amenazar (vt)	hadded	هدّد
arrepentirse (vr)	nedem	ندم
ayudar (vt)	sāʿed	ساعد
bañarse (vr)	sebeḥ	سبح
bromear (vi)	hazzar	هزّر
buscar (vt)	dawwar ʿala	دوّر على
caer (vi)	weʾeʿ	وقع
callarse (vr)	seket	سكت
cambiar (vt)	ɣayar	غيّر
castigar, punir (vt)	ʿāqab	عاقب
cavar (vt)	ḥafar	حفر
cazar (vi, vt)	eṣṭād	اصطاد
cenar (vi)	etʿasʃa	إتعشّى
cesar (vt)	baṭṭal	بطّل
coger (vt)	mesek	مسك
comenzar (vt)	badaʾ	بدأ
comparar (vt)	qāran	قارن
comprender (vt)	fehem	فهم
confiar (vt)	wasaq	وثق
confundir (vt)	etlaχbaṭ	إتلخبط
conocer (~ a alguien)	ʿeref	عرف

contar (vt) (enumerar)	ʿadd	عدّ
contar con ...	eʿtamad ʿala ...	إعتمد على...
continuar (vt)	wāṣel	واصل
controlar (vt)	et-ḥakkem	إتحكّم
correr (vi)	gery	جري
costar (vt)	kallef	كلّف
crear (vt)	ʿamal	عمل

11. Los verbos más importantes. Unidad 2

dar (vt)	edda	إدّى
dar una pista	edda lamḥa	إدّى لمحة
decir (vt)	ʾāl	قال
decorar (para la fiesta)	zayen	زيّن
defender (vt)	dāfaʿ	دافع
dejar caer	waʾʾaʿ	وقّع
desayunar (vi)	feṭer	فطر
descender (vi)	nezel	نزل
dirigir (administrar)	adār	أدار
disculparse (vr)	eʿtazar	إعتذر
discutir (vt)	nāʾeʃ	ناقش
dudar (vt)	ʃakk fe	شكّ في
encontrar (hallar)	laʾa	لقى
engañar (vi, vt)	χadaʿ	خدع
entrar (vi)	daχal	دخل
enviar (vt)	arsal	أرسل
equivocarse (vr)	ɣeleṭ	غلط
escoger (vt)	eχtār	إختار
esconder (vt)	χabba	خبّأ
escribir (vt)	katab	كتب
esperar (aguardar)	estanna	إستنّى
esperar (tener esperanza)	tamanna	تمنّى
estar de acuerdo	ettafaʾ	إتّفق
estudiar (vt)	daras	درس
exigir (vt)	ṭāleb	طالب
existir (vi)	kān mawgūd	كان موّجود
explicar (vt)	ʃaraḥ	شرح
faltar (a las clases)	ɣāb	غاب
firmar (~ el contrato)	waqqaʿ	وقّع
girar (~ a la izquierda)	ḥād	حاد
gritar (vi)	ṣarraχ	صرّخ
guardar (conservar)	ḥafaẓ	حفظ
gustar (vi)	ʿagab	عجب
hablar (vi, vt)	kallem	كلّم
hacer (vt)	ʿamal	عمل
informar (vt)	ʾāl ly	قال لي

insistir (vi)	aṣarr	أصرّ
insultar (vt)	ahān	أهان
interesarse (vr)	ehtamm be	إهتمّ بـ
invitar (vt)	ʿazam	عزم
ir (a pie)	meʃy	مشى
jugar (divertirse)	leʿeb	لعب

12. Los verbos más importantes. Unidad 3

leer (vi, vt)	ʾara	قرأ
liberar (ciudad, etc.)	ḥarrar	حرّر
llamar (por ayuda)	estaɣās	إستغاث
llegar (vi)	weṣel	وصل
llorar (vi)	baka	بكى
matar (vt)	ʾatal	قتل
mencionar (vt)	zakar	ذكر
mostrar (vt)	warra	ورّى
nadar (vi)	ʿām	عام
negarse (vr)	rafaḍ	رفض
objetar (vt)	eʿtaraḍ	إعترض
observar (vt)	rāqab	راقب
oír (vt)	semeʿ	سمع
olvidar (vt)	nesy	نسي
orar (vi)	ṣalla	صلّى
ordenar (mil.)	amar	أمر
pagar (vi, vt)	dafaʿ	دفع
pararse (vr)	waʾʾaf	وقّف
participar (vi)	ʃārek	شارك
pedir (ayuda, etc.)	ṭalab	طلب
pedir (en restaurante)	ṭalab	طلب
pensar (vi, vt)	fakkar	فكّر
percibir (ver)	lāḥaẓ	لاحظ
perdonar (vt)	ʿafa	عفا
permitir (vt)	samaḥ	سمح
pertenecer a …	χaṣṣ	خصّ
planear (vt)	χaṭṭeṭ	خطّط
poder (v aux)	ʾeder	قدر
poseer (vt)	malak	ملك
preferir (vt)	faḍḍal	فضّل
preguntar (vt)	saʾal	سأل
preparar (la cena)	ḥaḍḍar	حضّر
prever (vt)	tanabbaʾ	تنبّأ
probar, tentar (vt)	ḥāwel	حاول
prometer (vt)	waʿad	وعد
pronunciar (vt)	naṭaʾ	نطق
proponer (vt)	ʿaraḍ	عرض

quebrar (vt)	kasar	كسر
quejarse (vr)	ʃaka	شكا
querer (amar)	ḥabb	حبّ
querer (desear)	ʿāyez	عايز

13. Los verbos más importantes. Unidad 4

recomendar (vt)	naṣaḥ	نصح
regañar, reprender (vt)	wabbeχ	وبّخ
reírse (vr)	ḍeḥek	ضحك
repetir (vt)	karrar	كرّر
reservar (~ una mesa)	ḥagaz	حجز
responder (vi, vt)	gāwab	جاوب
robar (vt)	saraʾ	سرق
saber (~ algo mas)	ʿeref	عرف
salir (vi)	χarag	خرج
salvar (vt)	anqaz	أنقذ
seguir ...	tatabbaʿ	تتبّع
sentarse (vr)	ʾaʿad	قعد
ser necesario	maṭlūb	مطلوب
ser, estar (vi)	kān	كان
significar (vt)	ʾaṣad	قصد
sonreír (vi)	ebtasam	إبتسم
sorprenderse (vr)	etfāgeʾ	إتفاجئ
subestimar (vt)	estaχaff	إستخفّ
tener (vt)	malak	ملك
tener hambre	ʿāyez ʾākol	عايز آكل
tener miedo	χāf	خاف
tener prisa	estaʿgel	إستعجل
tener sed	ʿāyez aʃrab	عايز أشرب
tirar, disparar (vi)	ḍarab bel nār	ضرب بالنار
tocar (con las manos)	lamas	لمس
tomar (vt)	aχad	أخذ
tomar nota	katab	كتب
trabajar (vi)	eʃtaɣal	إشتغل
traducir (vt)	targem	ترجم
unir (vt)	waḥḥed	وحّد
vender (vt)	bāʿ	باع
ver (vt)	ʃāf	شاف
volar (pájaro, avión)	ṭār	طار

14. Los colores

color (m)	lone (m)	لون
matiz (m)	daraget el lōn (m)	درجة اللون
tono (m)	ṣabɣet lōn (f)	صبغة اللون
arco (m) iris	qose qozaḥ (m)	قوس قزح

blanco (adj)	abyaḍ	أبيض
negro (adj)	aswad	أسود
gris (adj)	romādy	رمادي
verde (adj)	aχḍar	أخضر
amarillo (adj)	aṣfar	أصفر
rojo (adj)	aḥmar	أحمر
azul (adj)	azra'	أزرق
azul claro (adj)	azra' fāteḥ	أزرق فاتح
rosa (adj)	wardy	وردي
naranja (adj)	bortoqāly	برتقاليّ
violeta (adj)	banaffsegy	بنفّسجي
marrón (adj)	bonny	بنّي
dorado (adj)	dahaby	ذهبي
argentado (adj)	feḍḍy	فضّي
beige (adj)	bɛ:ʒ	بيج
crema (adj)	'āgy	عاجيّ
turquesa (adj)	fayrūzy	فيروزي
rojo cereza (adj)	aḥmar karazy	أحمر كرزي
lila (adj)	laylaky	ليّلكي
carmesí (adj)	qormozy	قرمزي
claro (adj)	fāteḥ	فاتح
oscuro (adj)	ɣāme'	غامق
vivo (adj)	zāhy	زاهي
de color (lápiz ~)	melawwen	ملوّن
en colores (película ~)	melawwen	ملوّن
blanco y negro (adj)	abyaḍ we aswad	أبيض وأسوّد
unicolor (adj)	sāda	سادة
multicolor (adj)	mota'added el alwān	متعدّد الألوان

15. Las preguntas

¿Quién?	mīn?	مين؟
¿Qué?	eyh?	ايه؟
¿Dónde?	feyn?	فين؟
¿Adónde?	feyn?	فين؟
¿De dónde?	meneyn?	منين؟
¿Cuándo?	emta	امتى؟
¿Para qué?	'aʃān eyh?	عشان ايه؟
¿Por qué?	leyh?	ليه؟
¿Por qué razón?	l eyh?	لـ ليه؟
¿Cómo?	ezāy?	إزاي؟
¿Qué ...? (~ color)	eyh?	ايه؟
¿Cuál?	ayī?	أيّ؟
¿A quién?	le mīn?	لمين؟
¿De quién? (~ hablan ...)	'an mīn?	عن مين؟
¿De qué?	'an eyh?	عن ايه؟

¿Con quién?	maʿ mīn?	مع مين؟
¿Cuánto?	kām?	كام؟
¿De quién? (~ es este ...)	betāʿet mīn?	بتاعت مين؟

16. Las preposiciones

con ... (~ algn)	maʿ	مع
sin ... (~ azúcar)	men ɣeyr	من غير
a ... (p.ej. voy a México)	ela	إلى
de ... (hablar ~)	ʿan	عن
antes de ...	ʾabl	قبل
delante de ...	ʾoddām	قدّام
debajo	taḥt	تحت
sobre ..., encima de ...	foʾe	فوق
en, sobre (~ la mesa)	ʿala	على
de (origen)	men	من
de (fabricado de)	men	من
dentro de ...	baʿd	بعد
encima de ...	men ʿala	من على

17. Las palabras útiles. Los adverbios. Unidad 1

¿Dónde?	feyn?	فين؟
aquí (adv)	hena	هنا
allí (adv)	henāk	هناك
en alguna parte	fe makānen ma	في مكان ما
en ninguna parte	meʃ fi ayī makān	مش في أيّ مكان
junto a ...	ganb	جنب
junto a la ventana	ganb el ʃebbāk	جنب الشبّاك
¿A dónde?	feyn?	فين؟
aquí (venga ~)	hena	هنا
allí (vendré ~)	henāk	هناك
de aquí (adv)	men hena	من هنا
de allí (adv)	men henāk	من هناك
cerca (no lejos)	ʾarīb	قريب
lejos (adv)	beʿīd	بعيد
cerca de ...	ʿand	عند
al lado (de ...)	ʾarīb	قريب
no lejos (adv)	meʃ beʿīd	مش بعيد
izquierdo (adj)	el ʃemāl	الشمال
a la izquierda (situado ~)	ʿalal ʃemāl	على الشمال
a la izquierda (girar ~)	lel ʃemāl	للشمال
derecho (adj)	el yemīn	اليمين
a la derecha (situado ~)	ʿalal yemīn	على اليمين

a la derecha (girar)	lel yemīn	لليمين
delante (yo voy ~)	ʾoddām	قدّام
delantero (adj)	amāmy	أمامي
adelante (movimiento)	ela el amām	إلى الأمام
detrás de ...	waraʾ	وراء
desde atrás	men wara	من ورا
atrás (da un paso ~)	le wara	لورا
centro (m), medio (m)	wasaṭ (m)	وسط
en medio (adv)	fel wasat	في الوسط
de lado (adv)	ʿala ganb	على جنب
en todas partes	fe kol makān	في كل مكان
alrededor (adv)	ḥawaleyn	حوالين
de dentro (adv)	men gowwah	من جوّه
a alguna parte	le ʾayī makān	لأي مكان
todo derecho (adv)	ʿala ṭūl	على طول
atrás (muévelo para ~)	rogūʿ	رجوع
de alguna parte (adv)	men ayī makān	من أيّ مكان
no se sabe de dónde	men makānen mā	من مكان ما
primero (adv)	awwalan	أوّلاً
segundo (adv)	sāneyan	ثانياً
tercero (adv)	sālesan	ثالثاً
de súbito (adv)	fagʾa	فجأة
al principio (adv)	fel bedāya	في البداية
por primera vez	le ʾawwel marra	لأوّل مرّة
mucho tiempo antes ...	ʾabl ... be modda ṭawīla	قبل... بمدة طويلة
de nuevo (adv)	men gedīd	من جديد
para siempre (adv)	lel abad	للأبد
jamás, nunca (adv)	abadan	أبداً
de nuevo (adv)	tāny	تاني
ahora (adv)	delwaʾty	دلوقتي
frecuentemente (adv)	ketīr	كثير
entonces (adv)	waʾtaha	وقتها
urgentemente (adv)	ʿala ṭūl	على طول
usualmente (adv)	ʿādatan	عادةً
a propósito, ...	ʿala fekra ...	على فكرة...
es probable	momken	ممكن
probablemente (adv)	momken	ممكن
tal vez	momken	ممكن
además ...	bel eḍāfa ela ...	بالإضافة إلى...
por eso ...	ʿaʃān keda	عشان كده
a pesar de ...	bel raɣm men ...	بالرغم من...
gracias a ...	be faḍl ...	بفضل...
qué (pron)	elly	إللي
que (conj)	ennu	إنّه
algo (~ le ha pasado)	ḥāga (f)	حاجة
algo (~ así)	ayī ḥāga (f)	أيّ حاجة

nada (f)	wala ḥāga	ولا حاجة
quien	elly	إللي
alguien (viene ~)	ḥadd	حدّ
alguien (¿ha llamado ~?)	ḥadd	حدّ
nadie	wala ḥadd	ولا حدّ
a ninguna parte	meʃ le wala makān	مش لـ ولا مكان
de nadie	wala ḥadd	ولا حدّ
de alguien	le ḥadd	لحدّ
tan, tanto (adv)	geddan	جداً
también (~ habla francés)	kamān	كمان
también (p.ej. Yo ~)	kamān	كمان

18. Las palabras útiles. Los adverbios. Unidad 2

¿Por qué?	leyh?	ليه؟
no se sabe porqué	le sabeben ma	لسبب ما
porque ...	ʿaʃān ...	عشان ...
por cualquier razón (adv)	le hadafen mā	لهدف ما
y (p.ej. uno y medio)	w	و
o (p.ej. té o café)	walla	ولّلا
pero (p.ej. me gusta, ~)	bass	بسّ
para (p.ej. es para ti)	ʿaʃān	عشان
demasiado (adv)	ketīr geddan	كتير جدّاً
sólo, solamente (adv)	bass	بسّ
exactamente (adv)	bel ḍabṭ	بالضبط
unos ..., cerca de ... (~ 10 kg)	naḥw	نحو
aproximadamente	naḥw	نحو
aproximado (adj)	taqrīby	تقريبي
casi (adv)	taʾrīban	تقريباً
resto (m)	el bāʾy (m)	الباقي
cada (adj)	koll	كلّ
cualquier (adj)	ayī	أيّ
mucho (adv)	ketīr	كتير
muchos (mucha gente)	nās ketīr	ناس كتير
todos	koll el nās	كلّ الناس
a cambio de ...	fi moqābel ...	في مقابل ...
en cambio (adv)	fe moqābel	في مقابل
a mano (hecho ~)	bel yad	باليد
poco probable	bel kād	بالكاد
probablemente	momken	ممكن
a propósito (adv)	bel ʾaṣd	بالقصد
por accidente (adv)	bel ṣodfa	بالصدفة
muy (adv)	ʾawy	قويّ
por ejemplo (adv)	masalan	مثلاً

entre (~ nosotros)	beyn	بين
entre (~ otras cosas)	wesṭ	وسط
tanto (~ gente)	ketīr	كتير
especialmente (adv)	χāṣṣa	خاصّة

Conceptos básicos. Unidad 2

19. Los días de la semana

lunes (m)	el etneyn (m)	الإتنين
martes (m)	el talāt (m)	التلات
miércoles (m)	el arbe'ā' (m)	الأربعاء
jueves (m)	el χamīs (m)	الخميس
viernes (m)	el gom'a (m)	الجمعة
sábado (m)	el sabt (m)	السبت
domingo (m)	el aḥad (m)	الأحد
hoy (adv)	el naharda	النهارده
mañana (adv)	bokra	بكرة
pasado mañana	ba'd bokra (m)	بعد بكرة
ayer (adv)	embāreḥ	امبارح
anteayer (adv)	awwel embāreḥ	أوّل امبارح
día (m)	yome (m)	يوم
día (m) de trabajo	yome 'amal (m)	يوم عمل
día (m) de fiesta	agāza rasmiya (f)	أجازة رسميّة
día (m) de descanso	yome el agāza (m)	يوم أجازة
fin (m) de semana	nehāyet el osbū' (f)	نهاية الأسبوع
todo el día	ṭūl el yome	طول اليوم
al día siguiente	fel yome elly ba'dīh	في اليوم اللي بعديه
dos días atrás	men yomeyn	من يومين
en vísperas (adv)	fel yome elly 'ablo	في اليوم اللي قبله
diario (adj)	yawmy	يومي
cada día (adv)	yawmiyan	يومياً
semana (f)	osbū' (m)	أسبوع
semana (f) pasada	el esbū' elly fāt	الأسبوع اللي فات
semana (f) que viene	el esbū' elly gayī	الأسبوع اللي جاي
semanal (adj)	osbū'y	أسبوعي
cada semana (adv)	osbū'iyan	أسبوعياً
2 veces por semana	marreteyn fel osbū'	مرّتين في الأسبوع
todos los martes	koll solasā'	كلّ ثلاثاء

20. Las horas. El día y la noche

mañana (f)	ṣobḥ (m)	صبح
por la mañana	fel ṣobḥ	في الصبح
mediodía (m)	ẓohr (m)	ظهر
por la tarde	ba'd el ḍohr	بعد الظهر
noche (f)	leyl (m)	ليل
por la noche	bel leyl	بالليل

noche (f) (p.ej. 2:00 a.m.)	leyl (m)	ليل
por la noche	bel leyl	بالليل
medianoche (f)	noṣṣ el leyl (m)	نصّ الليل
segundo (m)	sanya (f)	ثانية
minuto (m)	deʼʼa (f)	دقيقة
hora (f)	sāʻa (f)	ساعة
media hora (f)	noṣṣ sāʻa (m)	نصّ ساعة
cuarto (m) de hora	robʻ sāʻa (f)	ربع ساعة
quince minutos	χamastāʃer deʼʼa	خمستاشر دقيقة
veinticuatro horas	arbaʻa we ʻeʃrīn sāʻa	أربعة وعشرين ساعة
salida (f) del sol	ʃorūʼ el ʃams (m)	شروق الشمس
amanecer (m)	fagr (m)	فجر
madrugada (f)	ṣobḥ badry (m)	صبح بدري
puesta (f) del sol	ɣorūb el ʃams (m)	غروب الشمس
de madrugada	el ṣobḥ badry	الصبح بدري
esta mañana	el naharda el ṣobḥ	النهاردة الصبح
mañana por la mañana	bokra el ṣobḥ	بكرة الصبح
esta tarde	el naharda baʻd el ḍohr	النهاردة بعد الظهر
por la tarde	baʻd el ḍohr	بعد الظهر
mañana por la tarde	bokra baʻd el ḍohr	بكرة بعد الظهر
esta noche (p.ej. 8:00 p.m.)	el naharda bel leyl	النهاردة بالليل
mañana por la noche	bokra bel leyl	بكرة بالليل
a las tres en punto	es sāʻa talāta bel ḍabṭ	الساعة تلاتة بالضبط
a eso de las cuatro	es sāʻa arbaʻa taʼrīban	الساعة أربعة تقريبا
para las doce	ḥatt es sāʻa etnāʃar	حتى الساعة إتناشر
dentro de veinte minutos	fe χelāl ʻeʃrīn deʻeeʻa	في خلال عشرين دقيقة
dentro de una hora	fe χelāl sāʻa	في خلال ساعة
a tiempo (adv)	fe mawʻedo	في موعده
... menos cuarto	ella robʻ	إلّا ربع
durante una hora	χelāl sāʻa	خلال ساعة
cada quince minutos	koll robʻ sāʻa	كلّ ربع ساعة
día y noche	leyl nahār	ليل نهار

21. Los meses. Las estaciones

enero (m)	yanāyer (m)	يناير
febrero (m)	febrāyer (m)	فبراير
marzo (m)	māres (m)	مارس
abril (m)	ebrīl (m)	إبريل
mayo (m)	māyo (m)	مايو
junio (m)	yonyo (m)	يونيو
julio (m)	yolyo (m)	يوليو
agosto (m)	oɣosṭos (m)	أغسطس
septiembre (m)	sebtamber (m)	سبتمبر
octubre (m)	oktober (m)	أكتوبر
noviembre (m)	november (m)	نوفمبر

diciembre (m)	desember (m)	ديسمبر
primavera (f)	rabeeʿ (m)	ربيع
en primavera	fel rabeeʿ	في الربيع
de primavera (adj)	rabeeʿy	ربيعي
verano (m)	ṣeyf (m)	صيف
en verano	fel ṣeyf	في الصيف
de verano (adj)	ṣeyfy	صيفي
otoño (m)	χarīf (m)	خريف
en otoño	fel χarīf	في الخريف
de otoño (adj)	χarīfy	خريفي
invierno (m)	ʃetāʾ (m)	شتاء
en invierno	fel ʃetāʾ	في الشتاء
de invierno (adj)	ʃetwy	شتوَي
mes (m)	ʃahr (m)	شهر
este mes	fel ʃahr da	في الشهر ده
al mes siguiente	el ʃahr el gayī	الشهر الجايّ
el mes pasado	el ʃahr elly fāt	الشهر اللي فات
hace un mes	men ʃahr	من شهر
dentro de un mes	baʿd ʃahr	بعد شهر
dentro de dos meses	baʿd ʃahreyn	بعد شهرين
todo el mes	el ʃahr kollo	الشهر كلّه
todo un mes	ṭawāl el ʃahr	طوال الشهر
mensual (adj)	ʃahry	شهري
mensualmente (adv)	ʃahry	شهري
cada mes	koll ʃahr	كلّ شهر
dos veces por mes	marreteyn fel ʃahr	مرّتين في الشهر
año (m)	sana (f)	سنة
este año	el sana di	السنة دي
el próximo año	el sana el gaya	السنة الجايّة
el año pasado	el sana elly fātet	السنة اللي فاتت
hace un año	men sana	من سنة
dentro de un año	baʿd sana	بعد سنة
dentro de dos años	baʿd sanateyn	بعد سنتين
todo el año	el sana kollaha	السنة كلّها
todo un año	ṭūl el sana	طول السنة
cada año	koll sana	كلّ سنة
anual (adj)	sanawy	سنوّي
anualmente (adv)	koll sana	كلّ سنة
cuatro veces por año	arbaʿ marrāt fel sana	أربع مرات في السنة
fecha (f) (la ~ de hoy es ...)	tarīχ (m)	تاريخ
fecha (f) (~ de entrega)	tarīχ (m)	تاريخ
calendario (m)	natīga (f)	نتيجة
medio año (m)	noṣṣ sana	نصّ سنة
seis meses	settet aʃ-hor (f)	ستّة أشهر
estación (f)	faṣl (m)	فصل
siglo (m)	qarn (m)	قرن

22. Las unidades de medida

peso (m)	wazn (m)	وزن
longitud (f)	ṭūl (m)	طول
anchura (f)	ʿarḍ (m)	عرض
altura (f)	ertefāʿ (m)	إرتفاع
profundidad (f)	ʿomq (m)	عمق
volumen (m)	ḥagm (m)	حجم
área (f)	mesāḥa (f)	مساحة
gramo (m)	gram (m)	جرام
miligramo (m)	milligrām (m)	ملّيغرام
kilogramo (m)	kilogrām (m)	كيلوغرام
tonelada (f)	ṭenn (m)	طنّ
libra (f)	reṭl (m)	رطل
onza (f)	onṣa (f)	أونصة
metro (m)	metr (m)	متر
milímetro (m)	millimetr (m)	ملّيمتر
centímetro (m)	santimetr (m)	سنتيمتر
kilómetro (m)	kilometr (m)	كيلومتر
milla (f)	mīl (m)	ميل
pulgada (f)	boṣa (f)	بوصة
pie (m)	ʾadam (m)	قدم
yarda (f)	yarda (f)	ياردة
metro (m) cuadrado	metr morabbaʿ (m)	متر مربّع
hectárea (f)	hektār (m)	هكتار
litro (m)	litre (m)	لتر
grado (m)	daraga (f)	درجة
voltio (m)	volt (m)	فولت
amperio (m)	ambere (m)	أمبير
caballo (m) de fuerza	ḥoṣān (m)	حصان
cantidad (f)	kemiya (f)	كميّة
un poco de ...	ʃewayet ...	شويّة...
mitad (f)	noṣṣ (m)	نصّ
docena (f)	desta (f)	دستة
pieza (f)	waḥda (f)	وحدة
dimensión (f)	ḥagm (m)	حجم
escala (f) (del mapa)	meʾyās (m)	مقياس
mínimo (adj)	el adna	الأدنى
el más pequeño (adj)	el aṣɣar	الأصغر
medio (adj)	motawasseṭ	متوّسط
máximo (adj)	el aqṣa	الأقصى
el más grande (adj)	el akbar	الأكبر

23. Contenedores

tarro (m) de vidrio	barṭamān (m)	برطمان
lata (f)	kanz (m)	كانز

cubo (m)	gardal (m)	جردل
barril (m)	barmīl (m)	برميل
palangana (f)	ḥoḍe lel ɣasīl (m)	حوض للغسيل
tanque (m)	χazzān (m)	خزّان
petaca (f) (de alcohol)	zamzamiya (f)	زمزميّة
bidón (m) de gasolina	ʒerken (m)	جركن
cisterna (f)	χazzān (m)	خزّان
taza (f) (mug de cerámica)	mugg (m)	ماجّ
taza (f) (~ de café)	fengān (m)	فنجان
platillo (m)	ṭabaʾ fengān (m)	طبق فنجان
vaso (m) (~ de agua)	kobbāya (f)	كوبّاية
copa (f) (~ de vino)	kāsa (f)	كاسة
olla (f)	ḥalla (f)	حلّة
botella (f)	ezāza (f)	إزازة
cuello (m) de botella	ʿonq (m)	عنق
garrafa (f)	dawraʾ zogāgy (m)	دوّرق زجاجي
jarro (m) (~ de agua)	ebrīʾ (m)	إبريق
recipiente (m)	weʿāʾ (m)	وعاء
tarro (m)	aṣīṣ (m)	أصيص
florero (m)	vāza (f)	فازة
frasco (m) (~ de perfume)	ezāza (f)	إزازة
frasquito (m)	ezāza (f)	إزازة
tubo (m)	anbūba (f)	أنبوبة
saco (m) (~ de azúcar)	kīs (m)	كيس
bolsa (f) (~ plástica)	kīs (m)	كيس
paquete (m) (~ de cigarrillos)	ʿelba (f)	علبة
caja (f)	ʿelba (f)	علبة
cajón (m) (~ de madera)	ṣandūʾ (m)	صندوق
cesta (f)	salla (f)	سلّة

EL SER HUMANO

El ser humano. El cuerpo

24. La cabeza

cabeza (f)	ra's (m)	رأس
cara (f)	weʃ (m)	وش
nariz (f)	manaχīr (m)	مناخير
boca (f)	bo' (m)	بوء
ojo (m)	ʿeyn (f)	عين
ojos (m pl)	ʿoyūn (pl)	عيون
pupila (f)	ḥad'a (f)	حدقة
ceja (f)	ḥāgeb (m)	حاجب
pestaña (f)	remʃ (m)	رمش
párpado (m)	gefn (m)	جفن
lengua (f)	lesān (m)	لسان
diente (m)	senna (f)	سنّة
labios (m pl)	ʃafāyef (pl)	شفايف
pómulos (m pl)	ʿaḍmet el χadd (f)	عضمة الخدّ
encía (f)	lassa (f)	لثّة
paladar (m)	ḥanak (m)	حنك
ventanas (f pl)	manaχer (pl)	مناخر
mentón (m)	da''n (m)	دقن
mandíbula (f)	fakk (m)	فكّ
mejilla (f)	χadd (m)	خدّ
frente (f)	gabha (f)	جبهة
sien (f)	ṣedɣ (m)	صدغ
oreja (f)	wedn (f)	ودن
nuca (f)	'afa (m)	قفا
cuello (m)	ra'aba (f)	رقبة
garganta (f)	zore (m)	زور
pelo, cabello (m)	ʃaʿr (m)	شعر
peinado (m)	tasrīḥa (f)	تسريحة
corte (m) de pelo	tasrīḥa (f)	تسريحة
peluca (f)	barūka (f)	باروكة
bigote (m)	ʃanab (pl)	شنب
barba (f)	leḥya (f)	لحية
tener (~ la barba)	ʿando	عنده
trenza (f)	ḍefīra (f)	ضفيرة
patillas (f pl)	sawālef (pl)	سوالف
pelirrojo (adj)	aḥmar el ʃaʿr	أحمر الشعر
gris, canoso (adj)	ʃaʿr abyaḍ	شعر أبيض

calvo (adj)	aṣlaʿ	أصلع
calva (f)	ṣalaʿ (m)	صلع
cola (f) de caballo	deyl ḥoṣān (m)	ديل حصان
flequillo (m)	ʾoṣṣa (f)	قصّة

25. El cuerpo

mano (f)	yad (m)	يد
brazo (m)	derāʿ (f)	دراع
dedo (m)	ṣobāʿ (m)	صباع
dedo (m) del pie	ṣobāʿ el ʾadam (m)	صباع القدم
dedo (m) pulgar	ebhām (m)	إبهام
dedo (m) meñique	χonṣor (m)	خنصر
uña (f)	ḍefr (m)	ضفر
puño (m)	qabḍa (f)	قبضة
palma (f)	kaff (f)	كفّ
muñeca (f)	meʿṣam (m)	معصم
antebrazo (m)	sāʿed (m)	ساعد
codo (m)	kūʿ (m)	كوع
hombro (m)	ketf (f)	كتف
pierna (f)	regl (f)	رجل
planta (f)	qadam (f)	قدم
rodilla (f)	rokba (f)	ركبة
pantorrilla (f)	semmāna (f)	سمّانة
cadera (f)	faχd (f)	فخد
talón (m)	kaʿb (m)	كعب
cuerpo (m)	gesm (m)	جسم
vientre (m)	baṭn (m)	بطن
pecho (m)	ṣedr (m)	صدر
seno (m)	sady (m)	ثدي
lado (m), costado (m)	ganb (m)	جنب
espalda (f)	ḍahr (m)	ضهر
zona (f) lumbar	asfal el ḍahr (m)	أسفل الضهر
cintura (f), talle (m)	wesṭ (f)	وسط
ombligo (m)	sorra (f)	سرّة
nalgas (f pl)	ardāf (pl)	أرداف
trasero (m)	debr (m)	دبر
lunar (m)	ʃāma (f)	شامة
marca (f) de nacimiento	waḥma	وحمة
tatuaje (m)	waʃm (m)	وشم
cicatriz (f)	nadba (f)	ندبة

La ropa y los accesorios

26. La ropa exterior. Los abrigos

ropa (f)	malābes (pl)	ملابس
ropa (f) de calle	malābes fo'aniya (pl)	ملابس فوقانيّة
ropa (f) de invierno	malābes ʃetwiya (pl)	ملابس شتويّة
abrigo (m)	balṭo (m)	بالطو
abrigo (m) de piel	balṭo farww (m)	بالطو فروّ
abrigo (m) corto de piel	ʒaket farww (m)	جاكيت فروّ
chaqueta (f) plumón	balṭo maḥʃy rīʃ (m)	بالطو محشي ريش
cazadora (f)	ʒæket (m)	جاكيت
impermeable (m)	ʒæket lel maṭar (m)	جاكيت للمطر
impermeable (adj)	wāqy men el maya	واقي من الميّة

27. Ropa de hombre y mujer

camisa (f)	'amīṣ (m)	قميص
pantalones (m pl)	banṭalone (f)	بنطلون
jeans, vaqueros (m pl)	ʒeans (m)	جينز
chaqueta (f), saco (m)	ʒæket (f)	جاكت
traje (m)	badla (f)	بدلة
vestido (m)	fostān (m)	فستان
falda (f)	ʒība (f)	جيبة
blusa (f)	bloza (f)	بلوزة
rebeca (f), chaqueta (f) de punto	kardigan (m)	كارديجن
chaqueta (f)	ʒæket (m)	جاكيت
camiseta (f) (T-shirt)	ti ʃirt (m)	تي شيرت
pantalones (m pl) cortos	ʃort (m)	شورت
traje (m) deportivo	treneng (m)	ترينيج
bata (f) de baño	robe el ḥammām (m)	روب حمّام
pijama (m)	beʒāma (f)	بيجاما
suéter (m)	blover (f)	بلوفر
pulóver (m)	blover (m)	بلوفر
chaleco (m)	vest (m)	فيست
frac (m)	badlet sahra ṭawīla (f)	بدلة سهرة طويلة
esmoquin (m)	badla (f)	بدلة
uniforme (m)	zayī muwaḥḥad (m)	زيّ موحّد
ropa (f) de trabajo	lebs el ʃoɣl (m)	لبس الشغل
mono (m)	overall (m)	اوفر اول
bata (f) (p. ej. ~ blanca)	balṭo (m)	بالطو

28. La ropa. La ropa interior

ropa (f) interior	malābes dāxeliya (pl)	ملابس داخلية
bóxer (m)	sirwāl dāxly rigāly (m)	سروال داخلي رجاليّ
bragas (f pl)	sirwāl dāxly nisā'y (m)	سروال داخلي نسائيّ
camiseta (f) interior	fanella (f)	فانلّا
calcetines (m pl)	ʃarāb (m)	شراب
camisón (m)	'amīṣ nome (m)	قميص نوم
sostén (m)	setyāna (f)	ستيانة
calcetines (m pl) altos	ʃarabāt ṭawīla (pl)	شرابات طويلة
pantimedias (f pl)	klone (m)	كلون
medias (f pl)	gawāreb (pl)	جوارب
traje (m) de baño	mayo (m)	مايوه

29. Gorras

gorro (m)	ṭa'iya (f)	طاقيّة
sombrero (m) de fieltro	borneyṭa (f)	برنيطة
gorra (f) de béisbol	base bāl kāb (m)	بيس بول كاب
gorra (f) plana	ṭa'iya mosaṭṭaḥa (f)	طاقيّة مسطحة
boina (f)	bereyh (m)	بيريه
capuchón (m)	ɣaṭa' (f)	غطاء
panamá (m)	qobba'et banama (f)	قبّعة بناما
gorro (m) de punto	ays kāb (m)	آيس كاب
pañuelo (m)	eʃarb (m)	إيشارب
sombrero (m) de mujer	borneyṭa (f)	برنيطة
casco (m) (~ protector)	xawza (f)	خوذة
gorro (m) de campaña	kāb (m)	كاب
casco (m) (~ de moto)	xawza (f)	خوذة
bombín (m)	qobba'a (f)	قبّعة
sombrero (m) de copa	qobba'a rasmiya (f)	قبّعة رسمية

30. El calzado

calzado (m)	gezam (pl)	جزم
botas (f pl)	gazma (f)	جزمة
zapatos (m pl) (~ de tacón bajo)	gazma (f)	جزمة
botas (f pl) altas	būt (m)	بوت
zapatillas (f pl)	ʃebʃeb (m)	شبشب
tenis (m pl)	kotʃy tennis (m)	كوتشي تنس
zapatillas (f pl) de lona	kotʃy (m)	كوتشي
sandalias (f pl)	ṣandal (pl)	صندل
zapatero (m)	eskāfy (m)	إسكافي
tacón (m)	ka'b (m)	كعب

par (m)	goze (m)	جوز
cordón (m)	ʃerīṭ (m)	شريط
encordonar (vt)	rabaṭ	ربط
calzador (m)	labbāsa el gazma (f)	لبّاسة الجزمة
betún (m)	warnīʃ el gazma (m)	ورنيش الجزمة

31. Accesorios personales

guantes (m pl)	gwanty (m)	جوانتي
manoplas (f pl)	gwanty men ɣeyr aṣābeʿ (m)	جوانتي من غير أصابع
bufanda (f)	skarf (m)	سكارف
gafas (f pl)	naḍḍāra (f)	نظّارة
montura (f)	eṭār (m)	إطار
paraguas (m)	ʃamsiya (f)	شمسيّة
bastón (m)	ʿaṣāya (f)	عصاية
cepillo (m) de pelo	forʃet ʃaʿr (f)	فرشة شعر
abanico (m)	marwaḥa (f)	مروّحة
corbata (f)	karavetta (f)	كرافتة
pajarita (f)	bebyona (m)	بيبيونة
tirantes (m pl)	ḥammala (f)	حمّالة
moquero (m)	mandīl (m)	منديل
peine (m)	meʃṭ (m)	مشط
pasador (m) de pelo	dabbūs (m)	دبّوس
horquilla (f)	bensa (m)	بنسة
hebilla (f)	bokla (f)	بكلة
cinturón (m)	ḥezām (m)	حزام
correa (f) (de bolso)	ḥammalet el ketf (f)	حمّالة الكتف
bolsa (f)	ʃanṭa (f)	شنطة
bolso (m)	ʃanṭet yad (f)	شنطة يد
mochila (f)	ʃanṭet ḍahr (f)	شنطة ظهر

32. La ropa. Miscelánea

moda (f)	mūḍa (f)	موضة
de moda (adj)	fel moḍa	في الموضة
diseñador (m) de moda	moṣammem azyāʾ (m)	مصمّم أزياء
cuello (m)	yāʾa (f)	ياقة
bolsillo (m)	geyb (m)	جيب
de bolsillo (adj)	geyb	جيب
manga (f)	komm (m)	كمّ
presilla (f)	ʿelāqa (f)	علّاقة
bragueta (f)	lesān (m)	لسان
cremallera (f)	sosta (f)	سوستة
cierre (m)	maʃbak (m)	مشبك
botón (m)	zerr (m)	زرّ

ojal (m)	ʿarwa (f)	عروة
saltar (un botón)	weʾeʿ	وقع
coser (vi, vt)	xayaṭ	خيّط
bordar (vt)	ṭarraz	طرّز
bordado (m)	taṭrīz (m)	تطريز
aguja (f)	ebra (f)	إبرة
hilo (m)	xeyṭ (m)	خيط
costura (f)	derz (m)	درز
ensuciarse (vr)	ettwassax	إتّوسّخ
mancha (f)	boʾʿa (f)	بقعة
arrugarse (vr)	takarmaʃ	تكرمش
rasgar (vt)	ʾaṭaʿ	قطع
polilla (f)	ʿetta (f)	عثّة

33. Productos personales. Cosméticos

pasta (f) de dientes	maʿgūn asnān (m)	معجون أسنان
cepillo (m) de dientes	forʃet senān (f)	فرشة أسنان
limpiarse los dientes	naḍḍaf el asnān	نظّف الأسنان
maquinilla (f) de afeitar	mūs (m)	موس
crema (f) de afeitar	krīm ḥelāʾa (m)	كريم حلاقة
afeitarse (vr)	ḥalaʾ	حلق
jabón (m)	ṣabūn (m)	صابون
champú (m)	ʃambū (m)	شامبو
tijeras (f pl)	maʾaṣ (m)	مقص
lima (f) de uñas	mabrad (m)	مبرد
cortaúñas (m pl)	melʾaṭ (m)	ملقط
pinzas (f pl)	melʾaṭ (m)	ملقط
cosméticos (m pl)	mawād tagmīl (pl)	مواد تجميل
mascarilla (f)	mask (m)	ماسك
manicura (f)	monekīr (m)	مونيكير
hacer la manicura	ʿamal monikīr	عمل مونيكير
pedicura (f)	badikīr (m)	باديكير
bolsa (f) de maquillaje	ʃanṭet mekyāʒ (f)	شنطة مكياج
polvos (m pl)	bodret weʃ (f)	بودرة وش
polvera (f)	ʿelbet bodra (f)	علبة بودرة
colorete (m), rubor (m)	aḥmar xodūd (m)	أحمر خدود
perfume (m)	barfān (m)	بارفان
agua (f) de tocador	kolonya (f)	كولونيا
loción (f)	loʃion (m)	لوشن
agua (f) de Colonia	kolonya (f)	كولونيا
sombra (f) de ojos	eyeʃadow (m)	ايّ شادو
lápiz (m) de ojos	koḥl (m)	كحل
rímel (m)	maskara (f)	ماسكارا
pintalabios (m)	rūʒ (m)	روج

esmalte (m) de uñas	monekīr (m)	مونيكير
fijador (m) para el pelo	mosabbet el ʃa'r (m)	مثبّت الشعر
desodorante (m)	mozīl 'ara' (m)	مزيل عرق
crema (f)	krīm (m)	كريم
crema (f) de belleza	krīm lel weʃ (m)	كريم للوش
crema (f) de manos	krīm eyd (m)	كريم أيد
crema (f) antiarrugas	krīm moḍād lel taga'īd (m)	كريم مضاد للتجاعيد
crema (f) de día	krīm en nahār (m)	كريم النهار
crema (f) de noche	krīm el leyl (m)	كريم الليل
de día (adj)	nahāry	نهاري
de noche (adj)	layly	ليّلي
tampón (m)	tambon (m)	تانبون
papel (m) higiénico	wara' twalet (m)	ورق تواليت
secador (m) de pelo	seʃwār (m)	سشوار

34. Los relojes

reloj (m)	sā'a (f)	ساعة
esfera (f)	wag-h el sā'a (m)	وجه الساعة
aguja (f)	'a'rab el sā'a (m)	عقرب الساعة
pulsera (f)	ʃerī'ṭ sā'a ma'daniya (m)	شريط ساعة معدنية
correa (f) (del reloj)	ʃerī'ṭ el sā'a (m)	شريط الساعة
pila (f)	baṭṭariya (f)	بطّاريّة
descargarse (vr)	χelṣet	خلصت
cambiar la pila	ɣayar el baṭṭariya	غيّر البطّاريّة
adelantarse (vr)	saba'	سبق
retrasarse (vr)	ta'akχar	تأخّر
reloj (m) de pared	sā'et ḥeyṭa (f)	ساعة حيطة
reloj (m) de arena	sā'a ramliya (f)	ساعة رمليّة
reloj (m) de sol	sā'a ʃamsiya (f)	ساعة شمسيّة
despertador (m)	monabbeh (m)	منبّه
relojero (m)	sa'āty (m)	ساعاتي
reparar (vt)	ṣallaḥ	صلّح

La comida y la nutrición

35. La comida

carne (f)	laḥma (f)	لحمة
gallina (f)	ferāχ (m)	فراخ
pollo (m)	farrūg (m)	فروج
pato (m)	baṭṭa (f)	بطّة
ganso (m)	wezza (f)	وزّة
caza (f) menor	ṣeyd (m)	صيد
pava (f)	dīk rūmy (m)	ديك رومي
carne (f) de cerdo	laḥm el χanazīr (m)	لحم الخنزير
carne (f) de ternera	laḥm el ʿegl (m)	لحم العجل
carne (f) de carnero	laḥm ḍāny (m)	لحم ضاني
carne (f) de vaca	laḥm baqary (m)	لحم بقري
conejo (m)	laḥm arāneb (m)	لحم أرانب
salchichón (m)	sogo" (m)	سجق
salchicha (f)	sogo" (m)	سجق
beicon (m)	bakon (m)	بيكون
jamón (m)	hām(m)	هام
jamón (m) fresco	faχd χanzīr (m)	فخد خنزير
paté (m)	maʿgūn laḥm (m)	معجون لحم
hígado (m)	kebda (f)	كبدة
carne (f) picada	hamburger (m)	هامبورجر
lengua (f)	lesān (m)	لسان
huevo (m)	beyḍa (f)	بيضة
huevos (m pl)	beyḍ (m)	بيض
clara (f)	bayāḍ el beyḍ (m)	بياض البيض
yema (f)	ṣafār el beyḍ (m)	صفار البيض
pescado (m)	samak (m)	سمك
mariscos (m pl)	sīfūd (pl)	سي فود
caviar (m)	kaviar (m)	كافيار
cangrejo (m) de mar	kaboria (m)	كابوريا
camarón (m)	gammbary (m)	جمبري
ostra (f)	maḥār (m)	محار
langosta (f)	estakoza (m)	استاكوزا
pulpo (m)	aχṭabūṭ (m)	أخطبوط
calamar (m)	kalmāry (m)	كالماري
esturión (m)	samak el ḥafʃ (m)	سمك الحفش
salmón (m)	salamon (m)	سلمون
fletán (m)	samak el halbūt (m)	سمك الهلبوت
bacalao (m)	samak el qadd (m)	سمك القد
caballa (f)	makerel (m)	ماكريل

atún (m)	tuna (f)	تونة
anguila (f)	ḥankalīs (m)	حنكليس
trucha (f)	salamon mera''aṭ (m)	سلمون مرقّط
sardina (f)	sardīn (m)	سردين
lucio (m)	samak el karāky (m)	سمك الكراكي
arenque (m)	renga (f)	رنجة
pan (m)	ʿeyʃ (m)	عيش
queso (m)	gebna (f)	جبنة
azúcar (m)	sokkar (m)	سكّر
sal (f)	melḥ (m)	ملح
arroz (m)	rozz (m)	رزّ
macarrones (m pl)	makaruna (f)	مكرونة
tallarines (m pl)	nūdles (f)	نودلز
mantequilla (f)	zebda (f)	زبّدة
aceite (m) vegetal	zeyt (m)	زيت
aceite (m) de girasol	zeyt ʿabbād el ʃams (m)	زيت عبّاد الشمس
margarina (f)	margarīn (m)	مارجرين
olivas, aceitunas (f pl)	zaytūn (m)	زيتون
aceite (m) de oliva	zeyt el zaytūn (m)	زيت الزيتون
leche (f)	laban (m)	لبن
leche (f) condensada	ḥalīb mokassaf (m)	حليب مكثّف
yogur (m)	zabādy (m)	زبادي
nata (f) agria	kreyma ḥamḍa (f)	كريمة حامضة
nata (f) líquida	krīma (f)	كريمة
mayonesa (f)	mayonnɛ:z (m)	مايونيز
crema (f) de mantequilla	krīmet zebda (f)	كريمة زبدة
cereales (m pl) integrales	ḥobūb 'amḥ (pl)	حبوب قمح
harina (f)	de'ī' (m)	دقيق
conservas (f pl)	moʿallabāt (pl)	معلّبات
copos (m pl) de maíz	korn fleks (m)	كورن فليكس
miel (f)	ʿasal (m)	عسل
confitura (f)	mrabba (m)	مربّى
chicle (m)	lebān (m)	لبان

36. Las bebidas

agua (f)	meyāh (f)	مياه
agua (f) potable	mayet ʃorb (m)	ميّة شرب
agua (f) mineral	maya maʿdaniya (f)	ميّة معدنية
sin gas	rakeda	راكدة
gaseoso (adj)	kanz	كانز
con gas	kanz	كانز
hielo (m)	talg (m)	ثلج
con hielo	bel talg	بالتلج

sin alcohol	men ɣeyr koḥūl	من غير كحول
bebida (f) sin alcohol	maʃrūb ɣāzy (m)	مشروب غازي
refresco (m)	ḥāga saʾʿa (f)	حاجة ساقعة
limonada (f)	limonāta (f)	ليموناتة
bebidas (f pl) alcohólicas	maʃrūbāt koḥūliya (pl)	مشروبات كحولية
vino (m)	χamra (f)	خمرة
vino (m) blanco	nebīz abyaḍ (m)	نبيذ أبيض
vino (m) tinto	nebī aḥmar (m)	نبيذ أحمر
licor (m)	liqure (m)	ليكيور
champaña (f)	ʃambania (f)	شمبانيا
vermú (m)	vermote (m)	فيرموت
whisky (m)	wiski (m)	ويسكي
vodka (m)	vodka (f)	فودكا
ginebra (f)	ʒin (m)	جين
coñac (m)	konyāk (m)	كونياك
ron (m)	rum (m)	رم
café (m)	ʾahwa (f)	قهوة
café (m) solo	ʾahwa sāda (f)	قهوة سادة
café (m) con leche	ʾahwa bel ḥalīb (f)	قهوة بالحليب
capuchino (m)	kaputʃino (m)	كابتشينو
café (m) soluble	neskafe (m)	نيسكافيه
leche (f)	laban (m)	لبن
cóctel (m)	koktayl (m)	كوكتيل
batido (m)	milk ʃejk (m)	ميلك شيك
zumo (m), jugo (m)	ʿaṣīr (m)	عصير
jugo (m) de tomate	ʿaṣīr ṭamāṭem (m)	عصير طماطم
zumo (m) de naranja	ʿaṣīr bortoqāl (m)	عصير برتقال
zumo (m) fresco	ʿaṣīr freʃ (m)	عصير فريش
cerveza (f)	bīra (f)	بيرة
cerveza (f) rubia	bīra χafīfa (f)	بيرة خفيفة
cerveza (f) negra	bīra ɣamʾa (f)	بيرة غامقة
té (m)	ʃāy (m)	شاي
té (m) negro	ʃāy aḥmar (m)	شاي أحمر
té (m) verde	ʃāy aχḍar (m)	شاي أخضر

37. Las verduras

legumbres (f pl)	χoḍār (pl)	خضار
verduras (f pl)	χoḍrawāt waraqiya (pl)	خضروات ورقية
tomate (m)	ṭamāṭem (f)	طماطم
pepino (m)	χeyār (m)	خيار
zanahoria (f)	gazar (m)	جزر
patata (f)	baṭāṭes (f)	بطاطس
cebolla (f)	baṣal (m)	بصل
ajo (m)	tūm (m)	ثوم

col (f)	koronb (m)	كرنب
coliflor (f)	'arnabīṭ (m)	قرنبيط
col (f) de Bruselas	koronb broksel (m)	كرنب بروكسل
brócoli (m)	brokkoli (m)	بركولي
remolacha (f)	bangar (m)	بنجر
berenjena (f)	bātengān (m)	باذنجان
calabacín (m)	kōsa (f)	كوسة
calabaza (f)	qarʿ ʿasaly (m)	قرع عسلي
nabo (m)	left (m)	لفت
perejil (m)	ba'dūnes (m)	بقدونس
eneldo (m)	ʃabat (m)	شبت
lechuga (f)	χass (m)	خسّ
apio (m)	karfas (m)	كرفس
espárrago (m)	helione (m)	هليون
espinaca (f)	sabāneχ (m)	سبانخ
guisante (m)	besella (f)	بسلّة
habas (f pl)	fūl (m)	فول
maíz (m)	dora (f)	ذرة
fréjol (m)	faṣolya (f)	فاصوليا
pimiento (m) dulce	felfel (m)	فلفل
rábano (m)	fegl (m)	فجل
alcachofa (f)	χarʃūf (m)	خرشوف

38. Las frutas. Las nueces

fruto (m)	faχa (f)	فاكهة
manzana (f)	toffāḥa (f)	تفّاحة
pera (f)	komettra (f)	كمّثرى
limón (m)	lymūn (m)	ليمون
naranja (f)	bortoqāl (m)	برتقال
fresa (f)	farawla (f)	فراولة
mandarina (f)	yosfy (m)	يوسفي
ciruela (f)	bar'ū' (m)	برقوق
melocotón (m)	χawχa (f)	خوخة
albaricoque (m)	meʃmeʃ (f)	مشمش
frambuesa (f)	tūt el ʿalī' el aḥmar (m)	توت العليق الأحمر
piña (f)	ananās (m)	أناناس
banana (f)	moze (m)	موز
sandía (f)	baṭṭīχ (m)	بطّيخ
uva (f)	ʿenab (m)	عنب
guinda (f), cereza (f)	karaz (m)	كرز
melón (m)	ʃammām (f)	شمّام
pomelo (m)	grabe frūt (m)	جريب فروت
aguacate (m)	avokado (f)	افوكاتو
papaya (f)	babāya (m)	ببايا
mango (m)	manga (m)	مانجة
granada (f)	rommān (m)	رمان

grosella (f) roja	keʃmeʃ aḥmar (m)	كشمش أحمر
grosella (f) negra	keʃmeʃ aswad (m)	كشمش أسود
grosella (f) espinosa	ʿenab el saʿlab (m)	عنب الثعلب
arándano (m)	ʿenab al aḥrāg (m)	عنب الأحراج
zarzamoras (f pl)	tūt aswad (m)	توت أسود
pasas (f pl)	zebīb (m)	زبيب
higo (m)	tīn (m)	تين
dátil (m)	tamr (m)	تمر
cacahuete (m)	fūl sudāny (m)	فول سوداني
almendra (f)	loze (m)	لوز
nuez (f)	ʿeyn gamal (f)	عين الجمل
avellana (f)	bondoʾ (m)	بندق
nuez (f) de coco	goze el hend (m)	جوز هند
pistachos (m pl)	fostoʾ (m)	فستق

39. El pan. Los dulces

pasteles (m pl)	ḥalawīāt (pl)	حلويّات
pan (m)	ʿeyʃ (m)	عيش
galletas (f pl)	baskawīt (m)	بسكويت
chocolate (m)	ʃokolāta (f)	شكولاتة
de chocolate (adj)	bel ʃokolāṭa	بالشكولاتة
caramelo (m)	bonbony (m)	بونبوني
tarta (f) (pequeña)	keyka (f)	كيكة
tarta (f) (~ de cumpleaños)	torta (f)	تورتة
tarta (f) (~ de manzana)	feṭīra (f)	فطيرة
relleno (m)	ḥaʃwa (f)	حشوة
confitura (f)	mrabba (m)	مربّى
mermelada (f)	marmalād (f)	مرملاد
gofre (m)	waffles (pl)	وافلز
helado (m)	ʾays krīm (m)	آيس كريم
pudin (m)	būding (m)	بودنج

40. Los platos

plato (m)	wagba (f)	وجبة
cocina (f)	maṭbaχ (m)	مطبخ
receta (f)	waṣfa (f)	وصفة
porción (f)	naṣīb (m)	نصيب
ensalada (f)	solṭa (f)	سلطة
sopa (f)	ʃorba (f)	شوربة
caldo (m)	maraʾa (m)	مرقة
bocadillo (m)	sandawitʃ (m)	ساندويتش
huevos (m pl) fritos	beyḍ maʾly (m)	بيض مقلي
hamburguesa (f)	hamburger (m)	هامبورجر

bistec (m)	steak laḥm (m)	ستيك لحم
guarnición (f)	ṭaba' gāneby (m)	طبق جانبي
espagueti (m)	spaɣetti (m)	سباجيتي
puré (m) de patatas	baṭāṭes mahrūsa (f)	بطاطس مهروسة
pizza (f)	bītza (f)	بيتزا
gachas (f pl)	'aṣīda (f)	عصيدة
tortilla (f) francesa	omlette (m)	اومليت
cocido en agua (adj)	maslū'	مسلوق
ahumado (adj)	modakχen	مدخّن
frito (adj)	ma'ly	مقلي
seco (adj)	mogaffaf	مجفّف
congelado (adj)	mogammad	مجمّد
marinado (adj)	meχallel	مخلّل
azucarado, dulce (adj)	mesakkar	مسكّر
salado (adj)	māleḥ	مالح
frío (adj)	bāred	بارد
caliente (adj)	soχn	سخن
amargo (adj)	morr	مرّ
sabroso (adj)	ḥelw	حلو
cocer en agua	sala'	سلق
preparar (la cena)	ḥaḍḍar	حضّر
freír (vt)	'ala	قلي
calentar (vt)	sakχan	سخّن
salar (vt)	rasʃ malḥ	رشّ ملح
poner pimienta	rasʃ felfel	رشّ فلفل
rallar (vt)	baraʃ	برش
piel (f)	'eʃra (f)	قشرة
pelar (vt)	'asʃar	قشّر

41. Las especias

sal (f)	melḥ (m)	ملح
salado (adj)	māleḥ	مالح
salar (vt)	rasʃ malḥ	رشّ ملح
pimienta (f) negra	felfel aswad (m)	فلفل أسوّد
pimienta (f) roja	felfel aḥmar (m)	فلفل أحمر
mostaza (f)	mosṭarda (m)	مسطردة
rábano (m) picante	fegl ḥār (m)	فجل حار
condimento (m)	bahār (m)	بهار
especia (f)	bahār (m)	بهار
salsa (f)	ṣalṣa (f)	صلصة
vinagre (m)	χall (m)	خلّ
anís (m)	yansūn (m)	ينسون
albahaca (f)	rīḥān (m)	ريحان
clavo (m)	'oronfol (m)	قرنفل
jengibre (m)	zangabīl (m)	زنجبيل
cilantro (m)	kozbora (f)	كزبرة

canela (f)	ʾerfa (f)	قرفة
sésamo (m)	semsem (m)	سمسم
hoja (f) de laurel	waraʾ el ɣār (m)	ورق الغار
paprika (f)	babrika (f)	بابريكا
comino (m)	karawya (f)	كراوية
azafrán (m)	zaʿfarān (m)	زعفران

42. Las comidas

comida (f)	akl (m)	أكل
comer (vi, vt)	akal	أكل
desayuno (m)	foṭūr (m)	فطور
desayunar (vi)	feṭer	فطر
almuerzo (m)	ɣadaʾ (m)	غداء
almorzar (vi)	etɣadda	إتغدّى
cena (f)	ʿaʃāʾ (m)	عشاء
cenar (vi)	etʿasʃa	إتعشّى
apetito (m)	ʃahiya (f)	شهيّة
¡Que aproveche!	bel hana wel ʃefa!	!بالهنا والشفا
abrir (vt)	fataḥ	فتح
derramar (líquido)	dalaʾ	دلق
derramarse (líquido)	dalaʾ	دلق
hervir (vi)	ɣely	غلي
hervir (vt)	ɣely	غلي
hervido (agua ~a)	maɣly	مغلي
enfriar (vt)	barrad	برّد
enfriarse (vr)	barrad	برّد
sabor (m)	ṭaʿm (m)	طعم
regusto (m)	ṭaʿm ma baʿd el mazāq (m)	طعم ما بعد المذاق
adelgazar (vi)	xass	خسّ
dieta (f)	reʒīm (m)	رجيم
vitamina (f)	vitamīn (m)	فيتامين
caloría (f)	soʿra ḥarāriya (f)	سعرة حراريّة
vegetariano (m)	nabāty (m)	نباتي
vegetariano (adj)	nabāty	نباتي
grasas (f pl)	dohūn (pl)	دهون
proteínas (f pl)	brotenāt (pl)	بروتينات
carbohidratos (m pl)	naʃawīāt (pl)	نشويّات
loncha (f)	ʃarīḥa (f)	شريحة
pedazo (m)	ʾeṭʿa (f)	قطعة
miga (f)	fattāta (f)	فتاتة

43. Los cubiertos

cuchara (f)	maʿlaʾa (f)	معلقة
cuchillo (m)	sekkīna (f)	سكّينة

tenedor (m)	ʃawka (f)	شوكة
taza (f)	fengān (m)	فنجان
plato (m)	ṭaba' (m)	طبق
platillo (m)	ṭaba' fengān (m)	طبق فنجان
servilleta (f)	mandīl wara' (m)	منديل ورق
mondadientes (m)	χallet senān (f)	خلة سنان

44. El restaurante

restaurante (m)	maṭʿam (m)	مطعم
cafetería (f)	'ahwa (f), kaféih (m)	قهوة, كافيه
bar (m)	bār (m)	بار
salón (m) de té	ṣalone ʃāy (m)	صالون شاي
camarero (m)	garsone (m)	جرسون
camarera (f)	garsona (f)	جرسونة
barman (m)	bārman (m)	بارمان
carta (f), menú (m)	qā'emet el ṭaʿām (f)	قائمة طعام
carta (f) de vinos	qā'emet el χomūr (f)	قائمة خمور
reservar una mesa	ḥagaz sofra	حجز سفرة
plato (m)	wagba (f)	وجبة
pedir (vt)	ṭalab	طلب
hacer un pedido	ṭalab	طلب
aperitivo (m)	ʃarāb (m)	شراب
entremés (m)	moqabbelāt (pl)	مقبّلات
postre (m)	ḥalawīāt (pl)	حلويّات
cuenta (f)	ḥesāb (m)	حساب
pagar la cuenta	dafaʿ el ḥesāb	دفع الحساب
dar la vuelta	edda el bā'y	ادّي الباقي
propina (f)	ba'ʃīʃ (m)	بقشيش

La familia nuclear, los parientes y los amigos

45. La información personal. Los formularios

nombre (m)	esm (m)	اسم
apellido (m)	esm el ʻaʼela (m)	اسم العائلة
fecha (f) de nacimiento	tarīχ el melād (m)	تاريخ الميلاد
lugar (m) de nacimiento	makān el melād (m)	مكان الميلاد
nacionalidad (f)	gensiya (f)	جنسيّة
domicilio (m)	maqarr el eqāma (m)	مقرّ الإقامة
país (m)	balad (m)	بلد
profesión (f)	mehna (f)	مهنة
sexo (m)	ginss (m)	جنس
estatura (f)	ṭūl (m)	طول
peso (m)	wazn (m)	وزن

46. Los familiares. Los parientes

madre (f)	walda (f)	والدة
padre (m)	wāled (m)	والد
hijo (m)	walad (m)	ولد
hija (f)	bent (f)	بنت
hija (f) menor	el bent el saɣīra (f)	البنت الصغيرة
hijo (m) menor	el ebn el saɣīr (m)	الابن الصغير
hija (f) mayor	el bent el kebīra (f)	البنت الكبيرة
hijo (m) mayor	el ebn el kabīr (m)	الابن الكبير
hermano (m)	aχ (m)	أخ
hermano (m) mayor	el aχ el kibīr (m)	الأخ الكبير
hermano (m) menor	el aχ el ṣoɣeyyir (m)	الأخ الصغير
hermana (f)	uχt (f)	أخت
hermana (f) mayor	el uχt el kibīra (f)	الأخت الكبيرة
hermana (f) menor	el uχt el ṣoɣeyyira (f)	الأخت الصغيرة
primo (m)	ibn ʻamm (m), ibn χāl (m)	إبن عمّ, إبن خال
prima (f)	bint ʻamm (f), bint χāl (f)	بنت عم, بنت خال
mamá (f)	mama (f)	ماما
papá (m)	baba (m)	بابا
padres (pl)	waldeyn (du)	والدين
niño -a (m, f)	ṭefl (m)	طفل
niños (pl)	aṭfāl (pl)	أطفال
abuela (f)	gedda (f)	جدّة
abuelo (m)	gadd (m)	جدّ
nieto (m)	ḥafīd (m)	حفيد

nieta (f)	ḥafīda (f)	حفيدة
nietos (pl)	aḥfād (pl)	أحفاد
tío (m)	ʿamm (m), χāl (m)	عمّ, خال
tía (f)	ʿamma (f), χāla (f)	عمة, خالة
sobrino (m)	ibn el aχ (m), ibn el uχt (m)	إبن الأخ, إبن الأخت
sobrina (f)	bint el aχ (f), bint el uχt (f)	بنت الأخ, بنت الأخت
suegra (f)	ḥamah (f)	حماة
suegro (m)	ḥama (m)	حما
yerno (m)	goze el bent (m)	جوز البنت
madrastra (f)	merāt el abb (f)	مرات الأب
padrastro (m)	goze el omm (m)	جوز الأم
niño (m) de pecho	ṭefl raḍeeʿ (m)	طفل رضيع
bebé (m)	mawlūd (m)	موّلود
chico (m)	walad ṣaɣīr (m)	ولد صغير
mujer (f)	goza (f)	جوزة
marido (m)	goze (m)	جوز
esposo (m)	goze (m)	جوز
esposa (f)	goza (f)	جوزة
casado (adj)	metgawwez	متجوّز
casada (adj)	metgawweza	متجوّزة
soltero (adj)	aʿzab	أعزب
soltero (m)	aʿzab (m)	أعزب
divorciado (adj)	moṭallaq (m)	مطلّق
viuda (f)	armala (f)	أرملة
viudo (m)	armal (m)	أرمل
pariente (m)	ʾarīb (m)	قريب
pariente (m) cercano	nesīb ʾarīb (m)	نسيب قريب
pariente (m) lejano	nesīb beʿīd (m)	نسيب بعيد
parientes (pl)	aqāreb (pl)	أقارب
huérfano (m), huérfana (f)	yatīm (m)	يتيم
tutor (m)	walyī amr (m)	ولي أمر
adoptar (un niño)	tabanna	تبنّى
adoptar (una niña)	tabanna	تبنّى

La medicina

47. Las enfermedades

enfermedad (f)	maraḍ (m)	مرض
estar enfermo	mereḍ	مرِض
salud (f)	ṣeḥḥa (f)	صحّة
resfriado (m) (coriza)	raʃ-ḥ fel anf (m)	رشح في الأنف
angina (f)	eltehāb el lawzateyn (m)	إلتهاب اللوزتين
resfriado (m)	zokām (m)	زكام
resfriarse (vr)	gālo bard	جاله برد
bronquitis (f)	eltehāb ʃoʿaby (m)	إلتهاب شعبيّ
pulmonía (f)	eltehāb raʾawy (m)	إلتهاب رئوي
gripe (f)	influenza (f)	إنفلونزا
miope (adj)	ʾaṣīr el naẓar	قصير النظر
présbita (adj)	beʿīd el naẓar	بعيد النظر
estrabismo (m)	ḥawal (m)	حوَل
estrábico (m) (adj)	aḥwal	أحوَل
catarata (f)	katarakt (f)	كاتاراكت
glaucoma (m)	glawkoma (f)	جلوكوما
insulto (m)	sakta (f)	سكتة
ataque (m) cardiaco	azma ʾalbiya (f)	أزمة قلبية
infarto (m) de miocardio	nawba ʾalbiya (f)	نوبة قلبية
parálisis (f)	ʃalal (m)	شلل
paralizar (vt)	ʃall	شلّ
alergia (f)	ḥasasiya (f)	حساسيّة
asma (f)	rabw (m)	ربو
diabetes (f)	dāʾ el sokkary (m)	داء السكّري
dolor (m) de muelas	alam asnān (m)	ألم الأسنان
caries (f)	naχr el asnān (m)	نخر الأسنان
diarrea (f)	es-hāl (m)	إسهال
estreñimiento (m)	emsāk (m)	إمساك
molestia (f) estomacal	eḍṭrāb el meʿda (m)	إضطراب المعدة
envenenamiento (m)	tasammom (m)	تسمم
envenenarse (vr)	etsammem	إتسمّم
artritis (f)	eltehāb el mafāṣel (m)	إلتهاب المفاصل
raquitismo (m)	kosāḥ el aṭfāl (m)	كساح الأطفال
reumatismo (m)	rheumatism (m)	روماتزم
ateroesclerosis (f)	taṣṣallob el ʃarayīn (m)	تصلّب الشرايين
gastritis (f)	eltehāb el meʿda (m)	إلتهاب المعدة
apendicitis (f)	eltehāb el zayda el dūdiya (m)	إلتهاب الزائدة الدودية

colecistitis (f)	eltehāb el marāra (m)	إلتهاب المرارة
úlcera (f)	qorḥa (f)	قرحة
sarampión (m)	maraḍ el ḥaṣba (m)	مرض الحصبة
rubeola (f)	el ḥaṣba el almaniya (f)	الحصبة الألمانية
ictericia (f)	yaraqān (m)	يرقان
hepatitis (f)	eltehāb el kabed el vayrūsy (m)	إلتهاب الكبد الفيروسي
esquizofrenia (f)	fuṣām (m)	فصام
rabia (f) (hidrofobia)	dā' el kalb (m)	داء الكلب
neurosis (f)	eḍṭrāb ʿaṣaby (m)	إضطراب عصبي
conmoción (f) cerebral	ertegāg el moχ (m)	إرتجاج المخ
cáncer (m)	saraṭān (m)	سرطان
esclerosis (f)	taṣṣallob (m)	تصلّب
esclerosis (m) múltiple	taṣṣallob motaʿadded (m)	تصلّب متعدّد
alcoholismo (m)	edmān el χamr (m)	إدمان الخمر
alcohólico (m)	modmen el χamr (m)	مدمن الخمر
sífilis (f)	syfilis el zehry (m)	سفلس الزهري
SIDA (m)	el eydz (m)	الايدز
tumor (m)	waram (m)	ورم
maligno (adj)	χabīs	خبيث
benigno (adj)	ḥamīd (m)	حميد
fiebre (f)	ḥomma (f)	حمّى
malaria (f)	malaria (f)	ملاريا
gangrena (f)	ɣanɣarīna (f)	غنغرينا
mareo (m)	dawār el baḥr (m)	دوار البحر
epilepsia (f)	maraḍ el ṣaraʿ (m)	مرض الصرع
epidemia (f)	wabā' (m)	وباء
tifus (m)	tyfus (m)	تيفوس
tuberculosis (f)	maraḍ el soll (m)	مرض السلّ
cólera (f)	kōlīra (f)	كوليرا
peste (f)	ṭaʿūn (m)	طاعون

48. Los síntomas. Los tratamientos. Unidad 1

síntoma (m)	ʿaraḍ (m)	عرض
temperatura (f)	ḥarāra (f)	حرارة
fiebre (f)	ḥomma (f)	حمّى
pulso (m)	nabḍ (m)	نبض
mareo (m) (vértigo)	dawχa (f)	دوخة
caliente (adj)	soχn	سخن
escalofrío (m)	raʿʃa (f)	رعشة
pálido (adj)	aṣfar	أصفر
tos (f)	koḥḥa (f)	كحّة
toser (vi)	kaḥḥ	كحّ
estornudar (vi)	ʿaṭas	عطس

desmayo (m)	dawχa (f)	دوخة
desmayarse (vr)	oɣma ʿaleyh	أغمي عليه
moradura (f)	kadma (f)	كدمة
chichón (m)	tawarrom (m)	تورّم
golpearse (vr)	etχabaṭ	إتخبط
magulladura (f)	raḍḍa (f)	رضّة
magullarse (vr)	etkadam	إتكدم
cojear (vi)	ʿarag	عرج
dislocación (f)	χalʿ (m)	خلع
dislocar (vt)	χalaʿ	خلع
fractura (f)	kasr (m)	كسر
tener una fractura	enkasar	إنكسر
corte (m) (tajo)	garḥ (m)	جرح
cortarse (vr)	garaḥ nafsoh	جرح نفسه
hemorragia (f)	nazīf (m)	نزيف
quemadura (f)	ḥarʾ (m)	حرق
quemarse (vr)	et-ḥaraʾ	إتحرق
pincharse (~ el dedo)	waχaz	وخز
pincharse (vr)	waχaz nafso	وخز نفسه
herir (vt)	aṣāb	أصاب
herida (f)	eṣāba (f)	إصابة
lesión (f) (herida)	garḥ (m)	جرح
trauma (m)	ṣadma (f)	صدمة
delirar (vi)	haza	هذى
tartamudear (vi)	talaʿsam	تلعثم
insolación (f)	ḍarabet ʃams (f)	ضربة شمس

49. Los síntomas. Los tratamientos. Unidad 2

dolor (m)	alam (m)	ألم
astilla (f)	ʃazya (f)	شظية
sudor (m)	ʿerʾ (m)	عرق
sudar (vi)	ʿereʾ	عرق
vómito (m)	targeeʿ (m)	ترجيع
convulsiones (f pl)	taʃonnogāt (pl)	تشنّجات
embarazada (adj)	ḥāmel	حامل
nacer (vi)	etwalad	اتولّد
parto (m)	welāda (f)	ولادة
dar a luz	walad	ولد
aborto (m)	eg-hāḍ (m)	إجهاض
respiración (f)	tanaffos (m)	تنفّس
inspiración (f)	estenʃāq (m)	إستنشاق
espiración (f)	zafīr (m)	زفير
espirar (vi)	zafar	زفر
inspirar (vi)	estanʃaq	إستنشق

inválido (m)	mo'āq (m)	معاق
mutilado (m)	moq'ad (m)	مقعد
drogadicto (m)	modmen moχaddarāt (m)	مدمن مخدّرات
sordo (adj)	aṭraʃ	أطرش
mudo (adj)	aχras	أخرس
sordomudo (adj)	aṭraʃ aχras	أطرش أخرس
loco (adj)	magnūn	مجنون
loco (m)	magnūn (m)	مجنون
loca (f)	magnūna (f)	مجنونة
volverse loco	etgannen	اتجنّن
gen (m)	ʒīn (m)	جين
inmunidad (f)	manā'a (f)	مناعة
hereditario (adj)	werāsy	وراثي
de nacimiento (adj)	χolqy men el welāda	خلقي من الولادة
virus (m)	virūs (m)	فيروس
microbio (m)	mikrūb (m)	ميكروب
bacteria (f)	garsūma (f)	جرثومة
infección (f)	'adwa (f)	عدوى

50. Los síntomas. Los tratamientos. Unidad 3

hospital (m)	mostaʃfa (m)	مستشفى
paciente (m)	marīḍ (m)	مريض
diagnosis (f)	taʃχīṣ (m)	تشخيص
cura (f)	ʃefā' (m)	شفاء
tratamiento (m)	'elāg ṭebby (m)	علاج طبي
curarse (vr)	et'āleg	اتعالج
tratar (vt)	'ālag	عالج
cuidar (a un enfermo)	marraḍ	مرّض
cuidados (m pl)	'enāya (f)	عناية
operación (f)	'amaliya grāḥiya (f)	عمليّة جراحية
vendar (vt)	ḍammad	ضمّد
vendaje (m)	taḍmīd (m)	تضميد
vacunación (f)	talqīḥ (m)	تلقيح
vacunar (vt)	laqqaḥ	لقّح
inyección (f)	ḥo'na (f)	حقنة
aplicar una inyección	ḥa'an ebra	حقن إبرة
ataque (m)	nawba (f)	نوبة
amputación (f)	batr (m)	بتر
amputar (vt)	batr	بتر
coma (m)	ɣaybūba (f)	غيبوبة
estar en coma	kān fi ḥālet ɣaybūba	كان في حالة غيبوبة
revitalización (f)	el 'enāya el morakkaza (f)	العناية المركّزة
recuperarse (vr)	ʃefy	شفي
estado (m) (de salud)	ḥāla (f)	حالة

consciencia (f)	waʿy (m)	وعي
memoria (f)	zākera (f)	ذاكرة
extraer (un diente)	χalaʿ	خلع
empaste (m)	ḥaʃww (m)	حشو
empastar (vt)	ḥaʃa	حشا
hipnosis (f)	el tanwīm el meɣnaṭīsy (m)	التنويم المغناطيسي
hipnotizar (vt)	nawwem	نوّم

51. Los médicos

médico (m)	doktore (m)	دكتور
enfermera (f)	momarreḍa (f)	ممرّضة
médico (m) personal	doktore ʃaχṣy (m)	دكتور شخصي
dentista (m)	doktore asnān (m)	دكتور أسنان
oftalmólogo (m)	doktore el ʿoyūn (m)	دكتور العيون
internista (m)	ṭabīb baṭna (m)	طبيب باطنة
cirujano (m)	garrāḥ (m)	جرّاح
psiquiatra (m)	doktore nafsāny (m)	دكتور نفساني
pediatra (m)	doktore aṭfāl (m)	دكتور أطفال
psicólogo (m)	aχeṣā'y ʿelm el nafs (m)	أخصائي علم النفس
ginecólogo (m)	doktore nesa (m)	دكتور نسا
cardiólogo (m)	doktore 'alb (m)	دكتور قلب

52. La medicina. Las drogas. Los accesorios

medicamento (m), droga (f)	dawā' (m)	دواء
remedio (m)	ʿelāg (m)	علاج
prescribir (vt)	waṣaf	وصف
receta (f)	waṣfa (f)	وصفة
tableta (f)	'orṣ (m)	قرص
ungüento (m)	marham (m)	مرهم
ampolla (f)	ambūla (f)	أمبولة
mixtura (f), mezcla (f)	dawā' ʃorb (m)	دواء شراب
sirope (m)	ʃarāb (m)	شراب
píldora (f)	ḥabba (f)	حبّة
polvo (m)	zorūr (m)	ذرور
venda (f)	ḍammāda ʃāʃ (f)	ضمادة شاش
algodón (m) (discos de ~)	'oṭn (m)	قطن
yodo (m)	yūd (m)	يود
tirita (f), curita (f)	blaster (m)	بلاستر
pipeta (f)	'aṭṭāra (f)	قطّارة
termómetro (m)	termometr (m)	ترمومتر
jeringa (f)	serennga (f)	سرنّجة
silla (f) de ruedas	korsy motaḥarrek (m)	كرسي متحرك
muletas (f pl)	ʿokkāz (m)	عكّاز

anestésico (m)	mosakken (m)	مسكّن
purgante (m)	molayen (m)	مليّن
alcohol (m)	etanol (m)	إيثانول
hierba (f) medicinal	aʿʃāb ṭebbiya (pl)	أعشاب طبّية
de hierbas (té ~)	ʿoʃby	عشبي

EL AMBIENTE HUMANO

La ciudad

53. La ciudad. La vida en la ciudad

ciudad (f)	madīna (f)	مدينة
capital (f)	ʿāṣema (f)	عاصمة
aldea (f)	qarya (f)	قرية
plano (m) de la ciudad	χarīṭet el madinah (f)	خريطة المدينة
centro (m) de la ciudad	wesṭ el balad (m)	وسط البلد
suburbio (m)	ḍāḥeya (f)	ضاحية
suburbano (adj)	el ḍawāḥy	الضواحي
arrabal (m)	aṭrāf el madīna (pl)	أطراف المدينة
afueras (f pl)	ḍawāḥy el madīna (pl)	ضواحي المدينة
barrio (m)	ḥayī (m)	حي
zona (f) de viviendas	ḥayī sakany (m)	حي سكني
tráfico (m)	ḥaraket el morūr (f)	حركة المرور
semáforo (m)	eʃārāt el morūr (pl)	إشارات المرور
transporte (m) urbano	wasāʾel el naʾl (pl)	وسائل النقل
cruce (m)	taqāṭoʿ (m)	تقاطع
paso (m) de peatones	maʿbar (m)	معبر
paso (m) subterráneo	nafaʾ moʃāh (m)	نفق مشاه
cruzar (vt)	ʿabar	عبر
peatón (m)	māʃy (m)	ماشي
acera (f)	raṣīf (m)	رصيف
puente (m)	kobry (m)	كبري
muelle (m)	korneyʃ (m)	كورنيش
fuente (f)	nafūra (f)	نافورة
alameda (f)	mamʃa (m)	ممشى
parque (m)	ḥadīqa (f)	حديقة
bulevar (m)	bolvār (m)	بولفار
plaza (f)	medān (m)	ميدان
avenida (f)	ʃāreʿ (m)	شارع
calle (f)	ʃāreʿ (m)	شارع
callejón (m)	zoʾāʾ (m)	زقاق
callejón (m) sin salida	ṭarīʾ masdūd (m)	طريق مسدود
casa (f)	beyt (m)	بيت
edificio (m)	mabna (m)	مبنى
rascacielos (m)	nāṭeḥet sahāb (f)	ناطحة سحاب
fachada (f)	waɣa (f)	واجهة
techo (m)	saʾf (m)	سقف

ventana (f)	ʃebbāk (m)	شبّاك
arco (m)	qose (m)	قوس
columna (f)	ʿamūd (m)	عمود
esquina (f)	zawya (f)	زاوية
escaparate (f)	vatrīna (f)	فترينة
letrero (m) (~ luminoso)	yafṭa, lāfeta (f)	لافتة, يافطة
cartel (m)	boster (m)	بوستر
cartel (m) publicitario	boster eʿlān (m)	بوستر إعلان
valla (f) publicitaria	lawḥet eʿlanāt (f)	لوحة إعلانات
basura (f)	zebāla (f)	زبالة
cajón (m) de basura	ṣandūʾ zebāla (m)	صندوق زبالة
tirar basura	rama zebāla	رمى زبالة
basurero (m)	mazbala (f)	مزبلة
cabina (f) telefónica	koʃk telefōn (m)	كشك تليفون
farola (f)	ʿamūd nūr (m)	عمود نور
banco (m) (del parque)	korsy (m)	كرسي
policía (m)	ʃorṭy (m)	شرطي
policía (f) (~ nacional)	ʃorṭa (f)	شرطة
mendigo (m)	ʃaḥḥāt (m)	شحّات
persona (f) sin hogar	motaʃarred (m)	متشرّد

54. Las instituciones urbanas

tienda (f)	maḥal (m)	محل
farmacia (f)	ṣaydaliya (f)	صيدليّة
óptica (f)	maḥal naḍḍārāt (m)	محل نضّارات
centro (m) comercial	mole (m)	مول
supermercado (m)	subermarket (m)	سوبرماركت
panadería (f)	maχbaz (m)	مخبز
panadero (m)	χabbāz (m)	خبّاز
pastelería (f)	ḥalawāny (m)	حلواني
tienda (f) de comestibles	baʾʾāla (f)	بقّالة
carnicería (f)	gezāra (f)	جزارة
verdulería (f)	dokkān χoḍār (m)	دكّان خضار
mercado (m)	sūʾ (f)	سوق
cafetería (f)	ʾahwa (f), kaféih (m)	قهوة, كافيه
restaurante (m)	maṭʿam (m)	مطعم
cervecería (f)	bār (m)	بار
pizzería (f)	maḥal pizza (m)	محل بيتزا
peluquería (f)	ṣalone ḥelāʾa (m)	صالون حلاقة
oficina (f) de correos	maktab el barīd (m)	مكتب البريد
tintorería (f)	dray klīn (m)	دراي كلين
estudio (m) fotográfico	estudio taṣwīr (m)	إستوديو تصوير
zapatería (f)	maḥal gezam (m)	محل جزم
librería (f)	maḥal kotob (m)	محل كتب

tienda (f) deportiva	maḥal mostalzamāt reyaḍiya (m)	محل مستلزمات رياضية
arreglos (m pl) de ropa	maḥal χeyāṭet malābes (m)	محل خياطة ملابس
alquiler (m) de ropa	taʾgīr malābes rasmiya (m)	تأجير ملابس رسمية
videoclub (m)	maḥal taʾgīr video (m)	محل تأجير فيديو
circo (m)	serk (m)	سيرك
zoológico (m)	ḥadīqet el ḥayawān (f)	حديقة حيوان
cine (m)	sinema (f)	سينما
museo (m)	mat-ḥaf (m)	متحف
biblioteca (f)	maktaba (f)	مكتبة
teatro (m)	masraḥ (m)	مسرح
ópera (f)	obra (f)	أوبرا
club (m) nocturno	malha leyly (m)	ملهى ليّلي
casino (m)	kazino (m)	كازينو
mezquita (f)	masged (m)	مسجد
sinagoga (f)	kenīs (m)	كنيس
catedral (f)	katedraʾiya (f)	كاتدرائية
templo (m)	maʿbad (m)	معبد
iglesia (f)	kenīsa (f)	كنيسة
instituto (m)	kolliya (m)	كليّة
universidad (f)	gamʿa (f)	جامعة
escuela (f)	madrasa (f)	مدرسة
prefectura (f)	moqaṭʿa (f)	مقاطعة
alcaldía (f)	baladiya (f)	بلديّة
hotel (m)	fondoʾ (m)	فندق
banco (m)	bank (m)	بنك
embajada (f)	safāra (f)	سفارة
agencia (f) de viajes	ʃerket seyāḥa (f)	شركة سياحة
oficina (f) de información	maktab el esteʿlāmāt (m)	مكتب الإستعلامات
oficina (f) de cambio	ṣarrāfa (f)	صرّافة
metro (m)	metro (m)	مترو
hospital (m)	mostaʃfa (m)	مستشفى
gasolinera (f)	maḥaṭṭet banzīn (f)	محطّة بنزين
aparcamiento (m)	mawʾef el ʿarabeyāt (m)	موقف العربيات

55. Los avisos

letrero (m) (≈ luminoso)	yafṭa, lāfeta (f)	لافتة, يافطة
cartel (m) (texto escrito)	bayān (m)	بيان
pancarta (f)	boster (m)	بوستر
señal (m) de dirección	ʿalāmet (f)	علامة إتجاه
flecha (f) (signo)	ʿalāmet eʃāra (f)	علامة إشارة
advertencia (f)	taḥzīr (m)	تحذير
aviso (m)	lāfetat taḥzīr (f)	لافتة تحذير
advertir (vt)	ḥazzar	حذّر

día (m) de descanso	yome ʿoṭla (m)	يوم عطلة
horario (m)	gadwal (m)	جدوَل
horario (m) de apertura	awʾāt el ʿamal (pl)	أوقات العمل
¡BIENVENIDOS!	ahlan w sahlan!	أهلاً وسهلا!
ENTRADA	doχūl	دخول
SALIDA	χorūg	خروج
EMPUJAR	edfaʿ	إدفع
TIRAR	es-ḥab	إسحب
ABIERTO	maftūḥ	مفتوح
CERRADO	moɣlaq	مغلق
MUJERES	lel sayedāt	للسيدات
HOMBRES	lel regāl	للرجال
REBAJAS	χoṣomāt	خصومات
SALDOS	taχfeḍāt	تخفيضات
NOVEDAD	gedīd!	جديد!
GRATIS	maggānan	مجّاناً
¡ATENCIÓN!	entebāh!	إنتباه!
COMPLETO	koll el amāken maḥgūza	كلّ الأماكن محجوزة
RESERVADO	maḥgūz	محجوز
ADMINISTRACIÓN	edāra	إدارة
SÓLO PERSONAL AUTORIZADO	lel ʿamelīn faqaṭ	للعاملين فقط
CUIDADO CON EL PERRO	eḥzar wogūd kalb	إحذر وجود الكلب
PROHIBIDO FUMAR	mamnūʿ el tadχīn	ممنوع التدخين
NO TOCAR	ʿadam el lams	عدم اللمس
PELIGROSO	χaṭīr	خطير
PELIGRO	χaṭar	خطر
ALTA TENSIÓN	tayār ʿāly	تيّار عالي
PROHIBIDO BAÑARSE	el sebāḥa mamnūʿa	السباحة ممنوعة
NO FUNCIONA	moʿaṭṭal	معطّل
INFLAMABLE	sareeʿ el eʃteʿāl	سريع الإشتعال
PROHIBIDO	mamnūʿ	ممنوع
PROHIBIDO EL PASO	mamnūʿ el morūr	ممنوع المرور
RECIÉN PINTADO	eḥzar ṭelāʾ ɣayr gāf	احذر طلاء غير جاف

56. El transporte urbano

autobús (m)	buṣ (m)	باص
tranvía (m)	trām (m)	ترام
trolebús (m)	trolly buṣ (m)	ترولي باص
itinerario (m)	χaṭṭ (m)	خطّ
número (m)	raqam (m)	رقم
ir en ...	rāḥ be ...	... راح بـ
tomar (~ el autobús)	rekeb	ركب

bajar (~ del tren)	nezel men	نزل من
parada (f)	maw'af (m)	موّقف
próxima parada (f)	el maḥaṭṭa el gaya (f)	المحطة الجاية
parada (f) final	'āχer maw'af (m)	آخر موقف
horario (m)	gadwal (m)	جدول
esperar (aguardar)	estanna	إستنّى
billete (m)	tazkara (f)	تذكرة
precio (m) del billete	ogra (f)	أجرة
cajero (m)	kaʃier (m)	كاشيير
control (m) de billetes	taftīʃ el tazāker (m)	تفتيش التذاكر
revisor (m)	mofatteʃ tazāker (m)	مفتّش تذاكر
llegar tarde (vi)	met'akχer	متأخّر
perder (~ el tren)	ta'akχar	تأخّر
tener prisa	mesta'gel	مستعجل
taxi (m)	taksi (m)	تاكسي
taxista (m)	sawwā' taksi (m)	سوّاق تاكسي
en taxi	bel taksi	بالتاكسي
parada (f) de taxi	maw'ef taksi (m)	موّقف تاكسي
llamar un taxi	kallem taksi	كلّم تاكسي
tomar un taxi	aχad taksi	أخد تاكسي
tráfico (m)	ḥaraket el morūr (f)	حركة المرور
atasco (m)	zaḥmet el morūr (f)	زحمة المرور
horas (f pl) de punta	sā'et el zorwa (f)	ساعة الذروة
aparcar (vi)	rakan	ركن
aparcar (vt)	rakan	ركن
aparcamiento (m)	maw'ef el 'arabeyāt (m)	موقف العربيات
metro (m)	metro (m)	مترو
estación (f)	maḥaṭṭa (f)	محطّة
ir en el metro	aχad el metro	أخد المترو
tren (m)	qeṭār, 'aṭṭr (m)	قطار
estación (f)	maḥaṭṭet qeṭār (f)	محطّة قطار

57. El turismo. La excursión

monumento (m)	temsāl (m)	تمثال
fortaleza (f)	'al'a (f)	قلعة
palacio (m)	'aṣr (m)	قصر
castillo (m)	'al'a (f)	قلعة
torre (f)	borg (m)	برج
mausoleo (m)	ḍarīḥ (m)	ضريح
arquitectura (f)	handasa me'māriya (f)	هندسة معمارية
medieval (adj)	men el qorūn el wosṭa	من القرون الوسطى
antiguo (adj)	'atīq	عتيق
nacional (adj)	waṭany	وطني
conocido (adj)	maʃ-hūr	مشهور
turista (m)	sā'eḥ (m)	سائح
guía (m) (persona)	morʃed (m)	مرشد

excursión (f)	gawla (f)	جولة
mostrar (vt)	warra	ورّى
contar (una historia)	'āl	قال
encontrar (hallar)	la'a	لقى
perderse (vr)	ḍāʿ	ضاع
plano (m) (~ de metro)	χarīṭa (f)	خريطة
mapa (m) (~ de la ciudad)	χarīṭa (f)	خريطة
recuerdo (m)	tezkār (m)	تذكار
tienda (f) de regalos	maḥal hadāya (m)	محل هدايا
hacer fotos	ṣawwar	صوّر
fotografiarse (vr)	etṣawwar	إتصوّر

58. Las compras

comprar (vt)	eʃtara	إشترى
compra (f)	ḥāga (f)	حاجة
hacer compras	eʃtara	إشترى
compras (f pl)	ʃobbing (m)	شوبينج
estar abierto (tienda)	maftūḥ	مفتوح
estar cerrado	moɣlaq	مغلق
calzado (m)	gezam (pl)	جزم
ropa (f)	malābes (pl)	ملابس
cosméticos (m pl)	mawād tagmīl (pl)	مواد تجميل
productos alimenticios	akl (m)	أكل
regalo (m)	hediya (f)	هديّة
vendedor (m)	bayāʿ (m)	بيّاع
vendedora (f)	bayāʿa (f)	بيّاعة
caja (f)	ṣandū' el dafʿ (m)	صندوق الدفع
espejo (m)	merāya (f)	مراية
mostrador (m)	manḍada (f)	منضدة
probador (m)	ɣorfet el 'eyās (f)	غرفة القياس
probar (un vestido)	garrab	جرّب
quedar (una ropa, etc.)	nāseb	ناسب
gustar (vi)	ʿagab	عجب
precio (m)	seʿr (m)	سعر
etiqueta (f) de precio	tiket el seʿr (m)	تيكت السعر
costar (vt)	kallef	كلّف
¿Cuánto?	bekām?	بكام؟
descuento (m)	χaṣm (m)	خصم
no costoso (adj)	meʃ ɣāly	مش غالي
barato (adj)	reχīṣ	رخيص
caro (adj)	ɣāly	غالي
Es caro	da ɣāly	ده غالي
alquiler (m)	este'gār (m)	إستئجار
alquilar (vt)	est'gar	إستأجر

crédito (m)	e'temān (m)	إئتمان
a crédito (adv)	bel ta'seeṭ	بالتقسيط

59. El dinero

dinero (m)	folūs (pl)	فلوس
cambio (m)	taḥwīl 'omla (m)	تحويل عملة
curso (m)	se'r el ṣarf (m)	سعر الصرف
cajero (m) automático	makinet ṣarrāf 'āly (f)	ماكينة صرّاف آلي
moneda (f)	'erʃ (m)	قرش
dólar (m)	dolār (m)	دولار
euro (m)	yoro (m)	يورو
lira (f)	lira (f)	ليرة
marco (m) alemán	el mark el almāny (m)	المارك الألماني
franco (m)	frank (m)	فرنك
libra esterlina (f)	geneyh esterlīny (m)	جنيه استرليني
yen (m)	yen (m)	ين
deuda (f)	deyn (m)	دين
deudor (m)	modīn (m)	مدين
prestar (vt)	sallef	سلّف
tomar prestado	estalaf	إستلف
banco (m)	bank (m)	بنك
cuenta (f)	ḥesāb (m)	حساب
ingresar (~ en la cuenta)	awda'	أودع
ingresar en la cuenta	awda' fel ḥesāb	أودّع في الحساب
sacar de la cuenta	saḥab men el ḥesāb	سحب من الحساب
tarjeta (f) de crédito	kredit kard (f)	كريدت كارد
dinero (m) en efectivo	kæʃ (m)	كاش
cheque (m)	ʃīk (m)	شيك
sacar un cheque	katab ʃīk	كتب شيك
talonario (m)	daftar ʃikāt (m)	دفتر شيكات
cartera (f)	maḥfaẓa (f)	محفظة
monedero (m)	maḥfazet fakka (f)	محفظة فكّة
caja (f) fuerte	χazzāna (f)	خزّانة
heredero (m)	wāres (m)	وارث
herencia (f)	werāsa (f)	وراثة
fortuna (f)	sarwa (f)	ثروة
arriendo (m)	'a'd el egār (m)	عقد الإيجار
alquiler (m) (dinero)	ogret el sakan (f)	أجرة السكن
alquilar (~ una casa)	est'gar	إستأجر
precio (m)	se'r (m)	سعر
coste (m)	taman (m)	ثمن
suma (f)	mablaɣ (m)	مبلغ
gastar (vt)	ṣaraf	صرف
gastos (m pl)	maṣarīf (pl)	مصاريف

economizar (vi, vt)	waffar	وفّر
económico (adj)	mowaffer	موفّر
pagar (vi, vt)	dafaʿ	دفع
pago (m)	dafʿ (m)	دفع
cambio (m) (devolver el ~)	el bāʾy (m)	الباقي
impuesto (m)	ḍarība (f)	ضريبة
multa (f)	ɣarāma (f)	غرامة
multar (vt)	faraḍ ɣarāma	فرض غرامة

60. La oficina de correos

oficina (f) de correos	maktab el barīd (m)	مكتب البريد
correo (m) (cartas, etc.)	el barīd (m)	البريد
cartero (m)	sāʿy el barīd (m)	ساعي البريد
horario (m) de apertura	awʾāt el ʿamal (pl)	أوقات العمل
carta (f)	resāla (f)	رسالة
carta (f) certificada	resāla mosaggala (f)	رسالة مسجّلة
tarjeta (f) postal	kart barīdy (m)	كرت بريدي
telegrama (m)	barqiya (f)	برقيّة
paquete (m) postal	ṭard (m)	طرد
giro (m) postal	ḥewāla māliya (f)	حوالة مالية
recibir (vt)	estalam	إستلم
enviar (vt)	arsal	أرسل
envío (m)	ersāl (m)	إرسال
dirección (f)	ʿenwān (m)	عنوان
código (m) postal	raqam el barīd (m)	رقم البريد
expedidor (m)	morsel (m)	مرسل
destinatario (m)	morsel elayh (m)	مرسل إليه
nombre (m)	esm (m)	اسم
apellido (m)	esm el ʿaʾela (m)	اسم العائلة
tarifa (f)	taʿrīfa (f)	تعريفة
ordinario (adj)	ʿādy	عادي
económico (adj)	mowaffer	موفّر
peso (m)	wazn (m)	وزن
pesar (~ una carta)	wazan	وزن
sobre (m)	ẓarf (m)	ظرف
sello (m)	ṭābeʿ (m)	طابع
poner un sello	alṣaq ṭābeʿ	ألصق طابع

La vivienda. La casa. El hogar

61. La casa. La electricidad

electricidad (f)	kahraba' (m)	كهرباء
bombilla (f)	lammba (f)	لمّبة
interruptor (m)	meftāḥ (m)	مفتاح
fusible (m)	fuse (m)	فيوز
cable, hilo (m)	selk (m)	سلك
instalación (f) eléctrica	aslāk (pl)	أسلاك
contador (m) de luz	ʿaddād (m)	عدّاد
lectura (f) (~ del contador)	qerā'a (f)	قراءة

62. La villa. La mansión

casa (f) de campo	villa rīfiya (f)	فيلا ريفيّة
villa (f)	villa (f)	فيلا
ala (f)	genāḥ (m)	جناح
jardín (m)	geneyna (f)	جنينة
parque (m)	ḥadīqa (f)	حديقة
invernadero (m) tropical	dafī'a (f)	دفيئة
cuidar (~ el jardín, etc.)	ehtamm	إهتمّ
piscina (f)	ḥammām sebāḥa (m)	حمّام سباحة
gimnasio (m)	gīm (m)	جيم
cancha (f) de tenis	malʿab tennis (m)	ملعب تنسّ
sala (f) de cine	sinema manzeliya (f)	سينما منزليّة
garaje (m)	garāʒ (m)	جراج
propiedad (f) privada	melkiya χāṣa (f)	ملكيّة خاصّة
terreno (m) privado	arḍ χāṣa (m)	أرض خاصّة
advertencia (f)	taḥzīr (m)	تحذير
letrero (m) de aviso	lāfetat taḥzīr (f)	لافتة تحذير
seguridad (f)	ḥerāsa (f)	حراسة
guardia (m) de seguridad	ḥāres amn (m)	حارس أمن
alarma (f) antirrobo	gehāz enzār (m)	جهاز إنذار

63. El apartamento

apartamento (m)	ʃa''a (f)	شقّة
habitación (f)	oḍa (f)	أوضة
dormitorio (m)	oḍet el nome (f)	أوضة النوم

comedor (m)	oḍet el sofra (f)	أوضة السفرة
salón (m)	oḍet el esteqbāl (f)	أوضة الإستقبال
despacho (m)	maktab (m)	مكتب
antecámara (f)	madχal (m)	مدخل
cuarto (m) de baño	ḥammām (m)	حمّام
servicio (m)	ḥammām (m)	حمّام
techo (m)	sa'f (m)	سقف
suelo (m)	arḍiya (f)	أرضية
rincón (m)	zawya (f)	زاوية

64. Los muebles. El interior

muebles (m pl)	asās (m)	أثاث
mesa (f)	maktab (m)	مكتب
silla (f)	korsy (m)	كرسي
cama (f)	serīr (m)	سرير
sofá (m)	kanaba (f)	كنبة
sillón (m)	korsy (m)	كرسي
librería (f)	χazzānet kotob (f)	خزّانة كتب
estante (m)	raff (m)	رفّ
armario (m)	dolāb (m)	دولاب
percha (f)	ʃammā'a (f)	شمّاعة
perchero (m) de pie	ʃammā'a (f)	شمّاعة
cómoda (f)	dolāb adrāg (m)	دولاب أدراج
mesa (f) de café	ṭarabeyzet el 'ahwa (f)	طرابيزة القهوة
espejo (m)	merāya (f)	مراية
tapiz (m)	seggāda (f)	سجّادة
alfombra (f)	seggāda (f)	سجّادة
chimenea (f)	daffāya (f)	دفّاية
vela (f)	ʃam'a (f)	شمعة
candelero (m)	ʃam'adān (m)	شمعدان
cortinas (f pl)	satā'er (pl)	ستائر
empapelado (m)	wara' ḥā'eṭ (m)	ورق حائط
estor (m) de láminas	satā'er ofoqiya (pl)	ستائر أفقيّة
lámpara (f) de mesa	abāʒūr (f)	اباجورة
aplique (m)	lammbet ḥā'eṭ (f)	لمّبة حائط
lámpara (f) de pie	meṣbāḥ arḍy (m)	مصباح أرضي
lámpara (f) de araña	nagafa (f)	نجفة
pata (f) (~ de la mesa)	regl (f)	رجل
brazo (m)	masnad (m)	مسند
espaldar (m)	masnad (m)	مسند
cajón (m)	dorg (m)	درج

65. Los accesorios de cama

ropa (f) de cama	bayāḍāt el serīr (pl)	بياضات السرير
almohada (f)	maχadda (f)	مخدّة
funda (f)	kīs el maχadda (m)	كيس المخدّة
manta (f)	leḥāf (m)	لحاف
sábana (f)	melāya (f)	ملاية
sobrecama (f)	ɣaṭā' el serīr (m)	غطاء السرير

66. La cocina

cocina (f)	maṭbaχ (m)	مطبخ
gas (m)	ɣāz (m)	غاز
cocina (f) de gas	botoɣāz (m)	بوتوغاز
cocina (f) eléctrica	forn kaharabā'y (m)	فرن كهربائي
horno (m)	forn (m)	فرن
horno (m) microondas	mikroweyv (m)	ميكروويف
frigorífico (m)	tallāga (f)	ثلاجة
congelador (m)	freyzer (m)	فريزر
lavavajillas (m)	ɣassālet aṭbā' (f)	غسّالة أطباق
picadora (f) de carne	farrāmet laḥm (f)	فرّامة لحم
exprimidor (m)	'aṣṣāra (f)	عصّارة
tostador (m)	maḥmaṣet χobz (f)	محمصة خبز
batidora (f)	χallāṭ (m)	خلّاط
cafetera (f) (aparato de cocina)	makinet ṣon' el 'ahwa (f)	ماكينة صنع القهوة
cafetera (f) (para servir)	ɣallāya kahraba'iya (f)	غلّاية القهوة
molinillo (m) de café	maṭ-ḥanet 'ahwa (f)	مطحنة قهوة
hervidor (m) de agua	ɣallāya (f)	غلّاية
tetera (f)	barrād el ʃāy (m)	برّاد الشاي
tapa (f)	ɣaṭā' (m)	غطاء
colador (m) de té	maṣfāh el ʃāy (f)	مصفاة الشاي
cuchara (f)	ma'la'a (f)	معلقة
cucharilla (f)	ma'la'et ʃāy (f)	معلقة شاي
cuchara (f) de sopa	ma'la'a kebīra (f)	ملعقة كبيرة
tenedor (m)	ʃawka (f)	شوكة
cuchillo (m)	sekkīna (f)	سكّينة
vajilla (f)	awāny (pl)	أواني
plato (m)	ṭaba' (m)	طبق
platillo (m)	ṭaba' fengān (m)	طبق فنجان
vaso (m) de chupito	kāsa (f)	كاسة
vaso (m) (~ de agua)	kobbāya (f)	كوبّاية
taza (f)	fengān (m)	فنجان
azucarera (f)	sokkariya (f)	سكّريّة
salero (m)	mamlaḥa (f)	مملحة

pimentero (m)	mobhera (f)	مبهرة
mantequera (f)	ṭaba' zebda (m)	طبق زبدة
cacerola (f)	ḥalla (f)	حلّة
sartén (f)	ṭāsa (f)	طاسة
cucharón (m)	maɣrafa (f)	مغرفة
colador (m)	maṣfāh (f)	مصفاه
bandeja (f)	ṣeniya (f)	صينيّة
botella (f)	ezāza (f)	إزازة
tarro (m) de vidrio	barṭamān (m)	برطمان
lata (f)	kanz (m)	كانز
abrebotellas (m)	fattāḥa (f)	فتّاحة
abrelatas (m)	fattāḥa (f)	فتّاحة
sacacorchos (m)	barrīma (f)	بريّمة
filtro (m)	filter (m)	فلتر
filtrar (vt)	ṣaffa	صفّى
basura (f)	zebāla (f)	زبالة
cubo (m) de basura	ṣandū' el zebāla (m)	صندوق الزبالة

67. El baño

cuarto (m) de baño	ḥammām (m)	حمّام
agua (f)	meyāh (f)	مياه
grifo (m)	ḥanafiya (f)	حنفيّة
agua (f) caliente	maya soxna (f)	مايّة سخنة
agua (f) fría	maya barda (f)	مايّة باردة
pasta (f) de dientes	ma'gūn asnān (m)	معجون أسنان
limpiarse los dientes	naḍḍaf el asnān	نظّف الأسنان
cepillo (m) de dientes	forʃet senān (f)	فرشة أسنان
afeitarse (vr)	ḥala'	حلق
espuma (f) de afeitar	raɣwa lel ḥelā'a (f)	رغوة للحلاقة
maquinilla (f) de afeitar	mūs (m)	موس
lavar (vt)	ɣasal	غسل
darse un baño	estaḥamma	إستحمّى
ducha (f)	doʃ (m)	دوش
darse una ducha	axad doʃ	أخد دوش
bañera (f)	banyo (m)	بانيو
inodoro (m)	twalet (m)	تواليت
lavabo (m)	ḥoḍe (m)	حوض
jabón (m)	ṣabūn (m)	صابون
jabonera (f)	ṣabbāna (f)	صبّانة
esponja (f)	līfa (f)	ليفة
champú (m)	ʃambū (m)	شامبو
toalla (f)	fūṭa (f)	فوطة
bata (f) de baño	robe el ḥammām (m)	روب حمّام

colada (f), lavado (m)	ɣasīl (m)	غسيل
lavadora (f)	ɣassāla (f)	غسّالة
lavar la ropa	ɣasal el malābes	غسل الملابس
detergente (m) en polvo	mas-ḥū' ɣasīl (m)	مسحوق غسيل

68. Los aparatos domésticos

televisor (m)	televizion (m)	تليفزيون
magnetófono (m)	gehāz tasgīl (m)	جهاز تسجيل
vídeo (m)	'āla tasgīl video (f)	آلة تسجيل فيديو
radio (m)	gehāz radio (m)	جهاز راديو
reproductor (m) (~ MP3)	blayer (m)	بليير
proyector (m) de vídeo	gehāz 'arḍ (m)	جهاز عرض
sistema (m) home cinema	sinema manzeliya (f)	سينما منزليّة
reproductor (m) de DVD	dividī blayer (m)	دي في دي بليير
amplificador (m)	mokabbaer el ṣote (m)	مكبّر الصوت
videoconsola (f)	'ātāry (m)	أتاري
cámara (f) de vídeo	kamera video (f)	كاميرا فيديو
cámara (f) fotográfica	kamera (f)	كاميرا
cámara (f) digital	kamera diʒital (f)	كاميرا ديجيتال
aspirador (m), aspiradora (f)	maknasa kahraba'iya (f)	مكنسة كهربائيّة
plancha (f)	makwa (f)	مكواة
tabla (f) de planchar	lawḥet kayī (f)	لوحة كيّ
teléfono (m)	telefon (m)	تليفون
teléfono (m) móvil	mobile (m)	موبايل
máquina (f) de escribir	'āla katba (f)	آلة كاتبة
máquina (f) de coser	makanet el χeyāṭa (f)	مكنة الخياطة
micrófono (m)	mikrofon (m)	ميكروفون
auriculares (m pl)	samma'āt ra'siya (pl)	سمّاعات رأسية
mando (m) a distancia	remowt kontrol (m)	ريموت كنترول
CD (m)	sidī (m)	سي دي
casete (m)	kasett (m)	كاسيت
disco (m) de vinilo	esṭewāna mūsīqa (f)	أسطوانة موسيقى

LAS ACTIVIDADES DE LA GENTE

El trabajo. Los negocios. Unidad 1

69. La oficina. El trabajo de oficina

oficina (f)	maktab (m)	مكتب
despacho (m)	maktab (m)	مكتب
recepción (f)	esteʾbāl (m)	إستقبال
secretario (m)	sekerteyr (m)	سكرتير
director (m)	modīr (m)	مدير
manager (m)	modīr (m)	مدير
contable (m)	muḥāseb (m)	محاسب
colaborador (m)	mowazzaf (m)	موظّف
muebles (m pl)	asās (m)	أثاث
escritorio (m)	maktab (m)	مكتب
silla (f)	korsy (m)	كرسي
cajonera (f)	weḥdet adrāg (f)	وحدة أدراج
perchero (m) de pie	ʃammāʿa (f)	شمّاعة
ordenador (m)	kombuter (m)	كمبيوتر
impresora (f)	ṭābeʿa (f)	طابعة
fax (m)	faks (m)	فاكس
fotocopiadora (f)	ʾālet nasχ (f)	آلة نسخ
papel (m)	waraʾ (m)	ورق
papelería (f)	adawāt maktabiya (pl)	أدوات مكتبية
alfombrilla (f) para ratón	maws bād (m)	ماوس باد
hoja (f) de papel	waraʾa (f)	ورقة
carpeta (f)	malaff (m)	ملفّ
catálogo (m)	fehras (m)	فهرس
directorio (m) telefónico	dalīl el telefone (m)	دليل التليفون
documentación (f)	wasāʾeq (pl)	وثائق
folleto (m)	naʃra (f)	نشرة
prospecto (m)	manʃūr (m)	منشور
muestra (f)	namūzag (m)	نموذج
reunión (f) de formación	egtemāʿ tadrīb (m)	إجتماع تدريب
reunión (f)	egtemāʿ (m)	إجتماع
pausa (f) del almuerzo	fatret el ɣadaʾ (f)	فترة الغذاء
hacer una copia	ṣawwar	صوّر
hacer copias	ṣawwar	صوّر
recibir un fax	estalam faks	إستلم فاكس
enviar un fax	baʿat faks	بعت فاكس
llamar por teléfono	ettaṣal	إتّصل

responder (vi, vt)	gāwab	جاوب
poner en comunicación	waṣṣal	وصّل
fijar (~ una reunión)	ḥadded	حدّد
demostrar (vt)	ʿaraḍ	عرض
estar ausente	ɣāb	غاب
ausencia (f)	ɣeyāb (m)	غياب

70. Los procesos de negocio. Unidad 1

ocupación (f)	ʃoɣl (m)	شغل
firma (f)	ʃerka (f)	شركة
compañía (f)	ʃerka (f)	شركة
corporación (f)	moʾassasa tegariya (f)	مؤسسة تجارية
empresa (f)	ʃerka (f)	شركة
agencia (f)	wekāla (f)	وكالة
acuerdo (m)	ettefaqiya (f)	إتّفاقية
contrato (m)	ʿaʾd (m)	عقد
trato (m), acuerdo (m)	ṣafqa (f)	صفقة
pedido (m)	ṭalab (m)	طلب
condición (f) del contrato	ʃorūṭ (pl)	شروط
al por mayor (adv)	bel gomla	بالجملة
al por mayor (adj)	el gomla	الجملة
venta (f) al por mayor	beyʿ bel gomla (m)	بيع بالجملة
al por menor (adj)	yebeeʿ bel tagzeʾa	يبيع بالتجزئة
venta (f) al por menor	maḥal yebeeʿ bel tagzeʾa (m)	محل يبيع بالتجزئة
competidor (m)	monāfes (m)	منافس
competencia (f)	monafsa (f)	منافسة
competir (vi)	nāfes	نافس
socio (m)	ʃerīk (m)	شريك
sociedad (f)	ʃarāka (f)	شراكة
crisis (f)	azma (f)	أزمة
bancarrota (f)	eflās (m)	إفلاس
ir a la bancarrota	falles	فلّس
dificultad (f)	ṣoʿūba (f)	صعوبة
problema (m)	moʃkela (f)	مشكلة
catástrofe (f)	karsa (f)	كارثة
economía (f)	eqtiṣād (m)	إقتصاد
económico (adj)	eqteṣādy	إقتصادي
recesión (f) económica	rokūd eqteṣādy (m)	ركود إقتصادي
meta (f)	hadaf (m)	هدف
objetivo (m)	mohemma (f)	مهمّة
comerciar (vi)	tāger	تاجر
red (f) (~ comercial)	ʃabaka (f)	شبكة
existencias (f pl)	el maχzūn (m)	المخزون
surtido (m)	taʃkīla (f)	تشكيلة

líder (m)	qā'ed (m)	قائد
grande (empresa ~)	kebīr	كبير
monopolio (m)	eḥtekār (m)	إحتكار
teoría (f)	naẓariya (f)	نظريّة
práctica (f)	momarsa (f)	ممارسة
experiencia (f)	χebra (f)	خبرة
tendencia (f)	ettegāh (m)	إتّجاه
desarrollo (m)	tanmeya (f)	تنمية

71. Los procesos de negocio. Unidad 2

rentabilidad (f)	rebḥ (m)	ربح
rentable (adj)	morbeḥ	مربح
delegación (f)	wafd (m)	وفد
salario (m)	morattab (m)	مرتّب
corregir (un error)	ṣaḥḥaḥ	صحّح
viaje (m) de negocios	reḥlet ʿamal (f)	رحلة عمل
comisión (f)	lagna (f)	لجنة
controlar (vt)	et-ḥakkem	إتحكّم
conferencia (f)	mo'tamar (m)	مؤتمر
licencia (f)	roχṣa (f)	رخصة
fiable (socio ~)	mawsūq	موثوق
iniciativa (f)	mobadra (f)	مبادرة
norma (f)	meʿyār (m)	معيار
circunstancia (f)	ẓarf (m)	ظرف
deber (m)	wāgeb (m)	واجب
empresa (f)	monaẓẓama (f)	منظّمة
organización (f) (proceso)	tanẓīm (m)	تنظيم
organizado (adj)	monaẓẓam	منظّم
anulación (f)	elɣā' (m)	إلغاء
anular (vt)	alɣa	ألغى
informe (m)	ta'rīr (m)	تقرير
patente (m)	bara'et el eχterāʿ (f)	براءة الإختراع
patentar (vt)	saggel barā'et eχterāʿ	سجّل براءة الإختراع
planear (vt)	χaṭṭeṭ	خطّط
premio (m)	ʿalāwa (f)	علاوة
profesional (adj)	mehany	مهني
procedimiento (m)	egrā' (m)	إجراء
examinar (vt)	baḥs fi	بحث في
cálculo (m)	ḥesāb (m)	حساب
reputación (f)	somʿa (f)	سمعة
riesgo (m)	moχaṭra (f)	مخاطرة
dirigir (administrar)	adār	أدار
información (f)	maʿlumāt (pl)	معلومات
propiedad (f)	melkiya (f)	ملكيّة

unión (f)	etteḥād (m)	إتّحاد
seguro (m) de vida	ta'mīn 'alal ḥayah (m)	تأمين على الحياة
asegurar (vt)	ammen	أمّن
seguro (m)	ta'mīn (m)	تأمين
subasta (f)	mazād (m)	مزاد
notificar (informar)	ballaɣ	بلّغ
gestión (f)	edāra (f)	إدارة
servicio (m)	χadma (f)	خدمة
foro (m)	nadwa (f)	ندوة
funcionar (vi)	adda waẓīfa	أدّى وظيفة
etapa (f)	marḥala (f)	مرحلة
jurídico (servicios ~s)	qanūniya	قانونية
jurista (m)	muḥāmy (m)	محامي

72. La producción. Los trabajos

planta (f)	maṣna' (m)	مصنع
fábrica (f)	maṣna' (m)	مصنع
taller (m)	warʃa (f)	ورشة
planta (f) de producción	maṣna' (m)	مصنع
industria (f)	ṣenā'a (f)	صناعة
industrial (adj)	ṣenā'y	صناعي
industria (f) pesada	ṣenā'a te'īla (f)	صناعة ثقيلة
industria (f) ligera	ṣenā'a χafīfa (f)	صناعة خفيفة
producción (f)	montagāt (pl)	منتجات
producir (vt)	antag	أنتج
materias (f pl) primas	mawād χām (pl)	مواد خام
jefe (m) de brigada	ra'īs el 'ommāl (m)	رئيس العمّال
brigada (f)	farī' el 'ommāl (m)	فريق العمّال
obrero (m)	'āmel (m)	عامل
día (m) de trabajo	yome 'amal (m)	يوم عمل
descanso (m)	rāḥa (f)	راحة
reunión (f)	egtemā' (m)	إجتماع
discutir (vt)	nā'eʃ	ناقش
plan (m)	χeṭṭa (f)	خطّة
cumplir el plan	naffez el χeṭṭa	نفّذ الخطّة
tasa (f) de producción	mo'addal el entāg (m)	معدّل الإنتاج
calidad (f)	gawda (f)	جودة
control (m)	taftīʃ (m)	تفتيش
control (m) de calidad	ḍabṭ el gawda (m)	ضبط الجودة
seguridad (f) de trabajo	salāmet makān el 'amal (f)	سلامة مكان العمل
disciplina (f)	enḍebāṭ (m)	إنضباط
infracción (f)	moχalfa (f)	مخالفة
violar (las reglas)	χālef	خالف
huelga (f)	eḍrāb (m)	إضراب
huelguista (m)	moḍrab (m)	مضرب

estar en huelga	aḍrab	أضرب
sindicato (m)	etteḥād el ʿomāl (m)	إتّحاد العمال
inventar (máquina, etc.)	eχtaraʿ	إخترع
invención (f)	eχterāʿ (m)	إختراع
investigación (f)	baḥs (m)	بحث
mejorar (vt)	ḥassen	حسّن
tecnología (f)	teknoloʒia (f)	تكنولوجيا
dibujo (m) técnico	rasm teqany (m)	رسم تقني
cargamento (m)	ʃaḥn (m)	شحن
cargador (m)	ʃayāl (m)	شيّال
cargar (camión, etc.)	ʃaḥn	شحن
carga (f) (proceso)	taḥmīl (m)	تحميل
descargar (vt)	farraɣ	فرّغ
descarga (f)	tafrīɣ (m)	تفريغ
transporte (m)	wasāʾel el naʾl (pl)	وسائل النقل
compañía (f) de transporte	ʃerket naʾl (f)	شركة نقل
transportar (vt)	naʾal	نقل
vagón (m)	ʿarabet ʃaḥn (f)	عربة شحن
cisterna (f)	χazzān (m)	خزّان
camión (m)	ʃāḥena (f)	شاحنة
máquina (f) herramienta	makana (f)	مكنة
mecanismo (m)	ʾāliya (f)	آليّة
desperdicios (m pl)	moχallafāt ṣenaʿiya (pl)	مخلفات صناعية
empaquetado (m)	taʿbeʾa (f)	تعبئة
empaquetar (vt)	ʿabba	عبّأ

73. El contrato. El acuerdo

contrato (m)	ʿaʾd (m)	عقد
acuerdo (m)	ettefāʾ (m)	إتّفاق
anexo (m)	molḥaʾ (m)	ملحق
firmar un contrato	waqqaʿ ʿala ʿaʾd	وقّع على عقد
firma (f) (nombre)	tawqeeʿ (m)	توقيع
firmar (vt)	waqqaʿ	وقّع
sello (m)	χetm (m)	ختم
objeto (m) del acuerdo	mawḍūʿ el ʿaʾd (m)	موضوع العقد
cláusula (f)	band (m)	بند
partes (f pl)	aṭrāf (pl)	أطراف
domicilio (m) legal	ʿenwān qanūny (m)	عنوان قانوني
violar el contrato	χālef el ʿaʾd	خالف العقد
obligación (f)	eltezām (m)	إلتزام
responsabilidad (f)	masʾoliya (f)	مسؤوليّة
fuerza mayor (f)	ʾowwa qāhera (m)	قوّة قاهرة
disputa (f)	χelāf (m)	خلاف
penalidades (f pl)	ʿoqobāt (pl)	عقوبات

74. Importación y exportación

importación (f)	esterād (m)	إستيراد
importador (m)	mostawred (m)	مستوّرد
importar (vt)	estawrad	إستوّرد
de importación (adj)	wāred	وارد
exportación (f)	taṣdīr (m)	تصدير
exportador (m)	moṣadder (m)	مصدّر
exportar (vt)	ṣaddar	صدّر
de exportación (adj)	sādir	صادر
mercancía (f)	baḍā'e' (pl)	بضائع
lote (m) de mercancías	ʃoḥna (f)	شحنة
peso (m)	wazn (m)	وزن
volumen (m)	ḥagm (m)	حجم
metro (m) cúbico	metr moka"ab (m)	متر مكعّب
productor (m)	el ʃerka el moṣanne'a (f)	الشركة المصنّعة
compañía (f) de transporte	ʃerket na'l (f)	شركة نقل
contenedor (m)	ḥāweya (f)	حاوية
frontera (f)	ḥadd (m)	حدّ
aduana (f)	gamārek (pl)	جمارك
derechos (m pl) arancelarios	rasm gomroky (m)	رسم جمركي
aduanero (m)	mowazzaf el gamārek (m)	موظّف الجمارك
contrabandismo (m)	tahrīb (m)	تهريب
contrabando (m)	beḍā'a moharraba (pl)	بضاعة مهربة

75. Las finanzas

acción (f)	sahm (m)	سهم
bono (m), obligación (f)	sanad (m)	سند
letra (f) de cambio	kembyāla (f)	كمبيالة
bolsa (f)	borṣa (f)	بورصة
cotización (f) de valores	se'r el sahm (m)	سعر السهم
abaratarse (vr)	reχeṣ	رخص
encarecerse (vr)	ʃely	غلي
parte (f)	naṣīb (m)	نصيب
interés (m) mayoritario	el magmū'a el mosayṭara (f)	المجموعة المسيطرة
inversiones (f pl)	estesmār (pl)	إستثمار
invertir (vi, vt)	estasmar	إستثمر
porcentaje (m)	bel me'a - bel miya	بالمئة
interés (m)	fayda (f)	فائدة
beneficio (m)	rebḥ (m)	ربح
beneficioso (adj)	morbeḥ	مربح
impuesto (m)	ḍarība (f)	ضريبة
divisa (f)	'omla (f)	عملة

nacional (adj)	waṭany	وطني
cambio (m)	taḥwīl (m)	تحويل
contable (m)	muḥāseb (m)	محاسب
contaduría (f)	maḥasba (f)	محاسبة
bancarrota (f)	eflās (m)	إفلاس
quiebra (f)	enheyār (m)	إنهيار
ruina (f)	eflās (m)	إفلاس
arruinarse (vr)	falles	فلّس
inflación (f)	taḍakχom māly (m)	تضخّم مالي
devaluación (f)	taχfīḍ qīmet ʿomla (m)	تخفيض قيمة عملة
capital (m)	ra'ʾs māl (m)	رأس مال
ingresos (m pl)	daχl (m)	دخل
volumen (m) de negocio	dawret ra'ʾs el māl (f)	دورة رأس المال
recursos (m pl)	mawāred (pl)	موارد
recursos (m pl) monetarios	el mawāred el naqdiya (pl)	الموارد النقديّة
gastos (m pl) accesorios	nafa'ʾāt ʿāmma (pl)	نفقات عامّة
reducir (vt)	χaffaḍ	خفّض

76. La mercadotecnia

mercadotecnia (f)	taswīʾ (m)	تسويق
mercado (m)	sūʾ (f)	سوق
segmento (m) del mercado	qaṭāʿ el sūʾ (m)	قطاع السوق
producto (m)	montag (m)	منتج
mercancía (f)	baḍāʾeʿ (pl)	بضائع
marca (f)	mārka (f)	ماركة
marca (f) comercial	marka tegāriya (f)	ماركة تجاريّة
logotipo (m)	ʃeʿār (m)	شعار
logo (m)	ʃeʿār (m)	شعار
demanda (f)	ṭalab (m)	طلب
oferta (f)	mUʿİddāt (pl)	معدّات
necesidad (f)	ḥāga (f)	حاجة
consumidor (m)	mostahlek (m)	مستهلك
análisis (m)	taḥlīl (m)	تحليل
analizar (vt)	ḥallel	حلّل
posicionamiento (m)	waḍʿ (m)	وضع
posicionar (vt)	waḍaʿ	وضع
precio (m)	seʿr (m)	سعر
política (f) de precios	seyāset el asʿār (f)	سياسة الأسعار
formación (f) de precios	taʃkīl el asʿār (m)	تشكيل الأسعار

77. La publicidad

publicidad (f)	eʿlān (m)	إعلان
publicitar (vt)	aʿlan	أعلن

presupuesto (m)	mezaniya (f)	ميزانية
anuncio (m) publicitario	e'lān (m)	إعلان
publicidad (f) televisiva	e'lān fel televizīon (m)	إعلان في التليفزيون
publicidad (f) radiofónica	e'lān fel radio (m)	إعلان في الراديو
publicidad (f) exterior	e'lān zahery (m)	إعلان ظاهري
medios (m pl) de comunicación de masas	wasā'el el e'lām (pl)	وسائل الإعلام
periódico (m)	magalla dawriya (f)	مجلّة دوريّة
imagen (f)	imyʒ (m)	إيميج
consigna (f)	ʃe'ār (m)	شعار
divisa (f)	ʃe'ār (m)	شعار
campaña (f)	ḥamla (f)	حملة
campaña (f) publicitaria	ḥamla e'laniya (f)	حملة إعلانيّة
auditorio (m) objetivo	magmū'a mostahdafa (f)	مجموعة مستهدفة
tarjeta (f) de visita	kart el 'amal (m)	كارت العمل
prospecto (m)	manʃūr (m)	منشور
folleto (m)	naʃra (f)	نشرة
panfleto (m)	kotayeb (m)	كتيّب
boletín (m)	naʃra eχbariya (f)	نشرة إخبارية
letrero (m) (~ luminoso)	yafṭa, lāfeta (f)	لافتة, يافطة
pancarta (f)	boster (m)	بوستر
valla (f) publicitaria	lawḥet e'lanāt (f)	لوحة إعلانات

78. La banca

banco (m)	bank (m)	بنك
sucursal (f)	far' (m)	فرع
consultor (m)	mowazzaf bank (m)	موظّف بنك
gerente (m)	modīr (m)	مدير
cuenta (f)	ḥesāb bank (m)	حساب بنك
numero (m) de la cuenta	raqam el ḥesāb (m)	رقم الحساب
cuenta (f) corriente	ḥesāb gāry (m)	حساب جاري
cuenta (f) de ahorros	ḥesāb tawfīr (m)	حساب توفير
abrir una cuenta	fataḥ ḥesāb	فتح حساب
cerrar la cuenta	'afal ḥesāb	قفل حساب
ingresar en la cuenta	awda' fel ḥesāb	أودع في الحساب
sacar de la cuenta	saḥab men el ḥesāb	سحب من الحساب
depósito (m)	wadee'a (f)	وديعة
hacer un depósito	awda'	أودع
giro (m) bancario	ḥewāla maṣrefiya (f)	حوالة مصرفيّة
hacer un giro	ḥawwel	حوّل
suma (f)	mablaɣ (m)	مبلغ
¿Cuánto?	kām?	كام؟

firma (f) (nombre)	tawqee' (m)	توقيع
firmar (vt)	waqqa'	وقّع
tarjeta (f) de crédito	kredit kard (f)	كريدت كارد
código (m)	kōd (m)	كود
número (m) de tarjeta de crédito	raqam el kredit kard (m)	رقم الكريدت كارد
cajero (m) automático	makinet ṣarrāf 'āly (f)	ماكينة صرّاف آلي
cheque (m)	ʃīk (m)	شيك
sacar un cheque	katab ʃīk	كتب شيك
talonario (m)	daftar ʃikāt (m)	دفتر شيكات
crédito (m)	qarḍ (m)	قرض
pedir el crédito	'addem ṭalab 'ala qarḍ	قدّم طلب على قرض
obtener un crédito	ḥaṣal 'ala qarḍ	حصل على قرض
conceder un crédito	edda qarḍ	ادّى قرض
garantía (f)	ḍamān (m)	ضمان

79. El teléfono. Las conversaciones telefónicas

teléfono (m)	telefon (m)	تليفون
teléfono (m) móvil	mobile (m)	موبايل
contestador (m)	gehāz radd 'alal mokalmāt (m)	جهاز ردّ على المكالمات
llamar, telefonear	ettaṣal	إتّصل
llamada (f)	mokalma telefoniya (f)	مكالمة تليفونية
marcar un número	ettaṣal be raqam	إتّصل برقم
¿Sí?, ¿Dígame?	alo!	ألو!
preguntar (vt)	sa'al	سأل
responder (vi, vt)	radd	ردّ
oír (vt)	seme'	سمع
bien (adv)	kewayes	كويس
mal (adv)	meʃ kowayīs	مش كويّس
ruidos (m pl)	taʃwīʃ (m)	تشويش
auricular (m)	sammā'a (f)	سمّاعة
descolgar (el teléfono)	rafa' el sammā'a	رفع السمّاعة
colgar el auricular	'afal el sammā'a	قفل السمّاعة
ocupado (adj)	maʃɣūl	مشغول
sonar (teléfono)	rann	رنّ
guía (f) de teléfonos	dalīl el telefone (m)	دليل التليفون
local (adj)	maḥalliya	ة محلّيّة
llamada (f) local	mokalma maḥalliya (f)	مكالمة محلّيّة
de larga distancia	bi'īd	بعيد
llamada (f) de larga distancia	mokalma bi'īda (f)	مكالمة بعيدة المدى
internacional (adj)	dowly	دوَلي
llamada (f) internacional	mokalma dowliya (f)	مكالمة دوليّة

80. El teléfono celular

teléfono (m) móvil	mobile (m)	موبايل
pantalla (f)	'arḍ (m)	عرض
botón (m)	zerr (m)	زر
tarjeta SIM (f)	sim kard (m)	سيم كارد
pila (f)	baṭṭariya (f)	بطّاريّة
descargarse (vr)	xelṣet	خلصت
cargador (m)	ʃāḥen (m)	شاحن
menú (m)	qā'ema (f)	قائمة
preferencias (f pl)	awḍā' (pl)	أوضاع
melodía (f)	naɣama (f)	نغمة
seleccionar (vt)	eχtār	إختار
calculadora (f)	'āla ḥasba (f)	آلة حاسبة
contestador (m)	barīd ṣawty (m)	بريد صوتي
despertador (m)	monabbeh (m)	منبّه
contactos (m pl)	gehāt el etteṣāl (pl)	جهات الإتّصال
mensaje (m) de texto	resāla 'aṣīra ɛsɛmɛs (f)	رسالة قصيرة sms
abonado (m)	moʃtarek (m)	مشترك

81. Los artículos de escritorio. La papelería

bolígrafo (m)	'alam gāf (m)	قلم جاف
pluma (f) estilográfica	'alam rīʃa (m)	قلم ريشة
lápiz (m)	'alam roṣāṣ (m)	قلم رصاص
marcador (m)	markar (m)	ماركر
rotulador (m)	'alam fulumaster (m)	قلم فلوماستر
bloc (m) de notas	mozakkera (f)	مذكّرة
agenda (f)	gadwal el a'māl (m)	جدول الأعمال
regla (f)	masṭara (f)	مسطرة
calculadora (f)	'āla ḥasba (f)	آلة حاسبة
goma (f) de borrar	astīka (f)	استيكة
chincheta (f)	dabbūs (m)	دبّوس
clip (m)	dabbūs wara' (m)	دبّوس ورق
cola (f), pegamento (m)	ṣamɣ (m)	صمغ
grapadora (f)	dabbāsa (f)	دبّاسة
perforador (m)	χarrāma (m)	خرّامة
sacapuntas (m)	barrāya (f)	برّاية

82. Tipos de negocios

contabilidad (f)	χedamāt moḥasba (pl)	خدمات محاسبة
publicidad (f)	e'lān (m)	إعلان

agencia (f) de publicidad	wekālet e'lān (f)	وكالة إعلان
climatizadores (m pl)	takyīf (m)	تكييف
compañía (f) aérea	ʃerket ṭayarān (f)	شركة طيران
bebidas (f pl) alcohólicas	maʃrūbāt koḥūliya (pl)	مشروبات كحوليّة
antigüedad (f)	toḥaf (pl)	تحف
galería (f) de arte	ma'raḍ fanny (m)	معرض فنّي
servicios (m pl) de auditoría	χedamāt faḥṣ el ḥesābāt (pl)	خدمات فحص الحسابات
negocio (m) bancario	el qeṭā' el maṣrefy (m)	القطاع المصرفي
bar (m)	bār (m)	بار
salón (m) de belleza	ṣalone tagmīl (m)	صالون تجميل
librería (f)	maḥal kotob (m)	محل كتب
fábrica (f) de cerveza	maṣna' bīra (m)	مصنع بيرة
centro (m) de negocios	markaz tegāry (m)	مركز تجاري
escuela (f) de negocios	kolliyet edāret el a'māl (f)	كليّة إدارة الأعمال
casino (m)	kazino (m)	كازينو
construcción (f)	benā' (m)	بناء
consultoría (f)	esteʃāra (f)	إستشارة
estomatología (f)	'eyādet asnān (f)	عيادة أسنان
diseño (m)	taṣmīm (m)	تصميم
farmacia (f)	ṣaydaliya (f)	صيدليّة
tintorería (f)	dray klīn (m)	دراي كلين
agencia (f) de empleo	wekālet tawẓīf (f)	وكالة توّظيف
servicios (m pl) financieros	χedamāt māliya (pl)	خدمات ماليّة
productos alimenticios	akl (m)	أكل
funeraria (f)	maktab mota'ahhed el dafn (m)	مكتب متعهّد الدفن
muebles (m pl)	asās (m)	أثاث
ropa (f)	malābes (pl)	ملابس
hotel (m)	fondo' (m)	فندق
helado (m)	'ays krīm (m)	آيس كريم
industria (f)	ṣenā'a (f)	صناعة
seguro (m)	ta'mīn (m)	تأمين
internet (m), red (f)	internet (m)	إنترنت
inversiones (f pl)	estesmarāt (pl)	إستثمارات
joyero (m)	ṣā'eɣ (m)	صائغ
joyería (f)	mogawharāt (pl)	مجوّهرات
lavandería (f)	maɣsala (f)	مغسلة
asesoría (f) jurídica	χedamāt qanūniya (pl)	خدمات قانونيّة
industria (f) ligera	ṣenā'a χafīfa (f)	صناعة خفيفة
revista (f)	magalla (f)	مجلّة
venta (f) por catálogo	bey' be neẓām el barīd (m)	بيع بنظام البريد
medicina (f)	ṭebb (m)	طبّ
cine (m) (iremos al ~)	sinema (f)	سينما
museo (m)	mat-ḥaf (m)	متحف
agencia (f) de información	wekāla eχbariya (f)	وكالة إخبارية
periódico (m)	garīda (f)	جريدة
club (m) nocturno	malha leyly (m)	ملهى ليّلي

petróleo (m)	naft̩ (m)	نفط
servicio (m) de entrega	χedamāt el ʃaḥn (pl)	خدمات الشحن
industria (f) farmacéutica	ṣaydala (f)	صيدلة
poligrafía (f)	ṭebāʿa (f)	طباعة
editorial (f)	dar el ṭebāʿa wel naʃr (f)	دار الطباعة والنشر
radio (f)	radio (m)	راديو
inmueble (m)	ʿeqarāt (pl)	عقارات
restaurante (m)	maṭʿam (m)	مطعم
agencia (f) de seguridad	ʃerket amn (f)	شركة أمن
deporte (m)	reyāḍa (f)	رياضة
bolsa (f) de comercio	borṣa (f)	بورصة
tienda (f)	maḥal (m)	محل
supermercado (m)	subermarket (m)	سوبرماركت
piscina (f)	ḥammām sebāḥa (m)	حمّام سباحة
taller (m)	maḥal χeyāṭa (m)	محل خياطة
televisión (f)	televizion (m)	تليفزيون
teatro (m)	masraḥ (m)	مسرح
comercio (m)	tegāra (f)	تجارة
servicios de transporte	wasāʾel el naʾl (pl)	وسائل النقل
turismo (m)	safar (m)	سفر
veterinario (m)	doktore beṭary (m)	دكتور بيطري
almacén (m)	mostawdaʿ (m)	مستودع
recojo (m) de basura	gamaʿ el nefayāt (m)	جمع النفايات

El trabajo. Los negocios. Unidad 2

83. La exhibición. La feria comercial

exposición, feria (f)	maʿraḍ (m)	معرض
feria (f) comercial	maʿraḍ tegāry (m)	معرض تجاري
participación (f)	eʃterāk (m)	إشتراك
participar (vi)	ʃārek	شارك
participante (m)	moʃtarek (m)	مشترك
director (m)	modīr (m)	مدير
dirección (f)	maktab el monaẓẓemīn (m)	مكتب المنظّمين
organizador (m)	monazzem (m)	منظّم
organizar (vt)	nazzam	نظّم
solicitud (f) de participación	estemāret el eʃterak (f)	إستمارة الإشتراك
rellenar (vt)	mala	ملأ
detalles (m pl)	tafaṣīl (pl)	تفاصيل
información (f)	esteʿlamāt (pl)	إستعلامات
precio (m)	seʿr (m)	سعر
incluso	bema feyh	بما فيه
incluir (vt)	taḍamman	تضمّن
pagar (vi, vt)	dafaʿ	دفع
cuota (f) de registro	rosūm el tasgīl (pl)	رسوم التسجيل
entrada (f)	madχal (m)	مدخل
pabellón (m)	genāḥ (m)	جناح
registrar (vt)	saggel	سجّل
tarjeta (f) de identificación	ʃāra (f)	شارة
stand (m) de feria	koʃk (m)	كشك
reservar (vt)	ḥagaz	حجز
vitrina (f)	vatrīna (f)	فترينة
lámpara (f)	kasʃāf el nūr (m)	كشّاف النور
diseño (m)	taṣmīm (m)	تصميم
poner (colocar)	ḥaṭṭ	حطّ
distribuidor (m)	mowazzeʿ (m)	موزّع
proveedor (m)	mowarred (m)	مورد
país (m)	balad (m)	بلد
extranjero (adj)	agnaby	أجنبي
producto (m)	montag (m)	منتج
asociación (f)	gamʿiya (f)	جمعيّة
sala (f) de conferencias	qāʿet el moʾtamarāt (f)	قاعة المؤتمرات
congreso (m)	moʾtamar (m)	مؤتمر

concurso (m)	mosab'a (f)	مسابقة
visitante (m)	zā'er (m)	زائر
visitar (vt)	ḥaḍar	حضر
cliente (m)	zobūn (m)	زبون

84. La ciencia. La investigación. Los científicos

ciencia (f)	'elm (m)	علم
científico (adj)	'elmy	علمي
científico (m)	'ālem (m)	عالم
teoría (f)	naẓariya (f)	نظريّة
axioma (m)	badīhiya (f)	بديهيّة
análisis (m)	taḥlīl (m)	تحليل
analizar (vt)	ḥallel	حلّل
argumento (m)	borhān (m)	برهان
sustancia (f) (materia)	madda (f)	مادّة
hipótesis (f)	faraḍiya (f)	فرضيّة
dilema (m)	mo'ḍela (f)	معضلة
tesis (f) de grado	resāla 'elmiya (f)	رسالة علميّة
dogma (m)	'aqīda (f)	عقيدة
doctrina (f)	mazhab (m)	مذهب
investigación (f)	baḥs (m)	بحث
investigar (vt)	baḥs	بحث
prueba (f)	eχtebārāt (pl)	إختبارات
laboratorio (m)	moχtabar (m)	مختبر
método (m)	manhag (m)	منهج
molécula (f)	gozaye' (m)	جزيء
seguimiento (m)	reqāba (f)	رقابة
descubrimiento (m)	ekteʃāf (m)	إكتشاف
postulado (m)	mosallama (f)	مسلّمة
principio (m)	mabda' (m)	مبدأ
pronóstico (m)	tanabbo' (m)	تنبّؤ
pronosticar (vt)	tanabba'	تنبّأ
síntesis (f)	tarkīb (m)	تركيب
tendencia (f)	ettegāh (m)	إتّجاه
teorema (m)	naẓariya (f)	نظريّة
enseñanzas (f pl)	ta'alīm (pl)	تعاليم
hecho (m)	ḥa'ī'a (f)	حقيقة
expedición (f)	be'sa (f)	بعثة
experimento (m)	tagreba (f)	تجربة
académico (m)	akadīmy (m)	أكاديمي
bachiller (m)	bakaleryūs (m)	بكالوريوس
doctorado (m)	doktore (m)	دكتور
docente (m)	ostāz moʃārek (m)	أستاذ مشارك
Master (m) (~ en Letras)	maʒestīr (m)	ماجستير
profesor (m)	brofessor (m)	بروفيسور

Las profesiones y los oficios

85. La búsqueda de trabajo. El despido

trabajo (m)	ʿamal (m)	عمل
empleados (pl)	kawādir (pl)	كوادر
personal (m)	ṭāqem el ʿāmelīn (m)	طاقم العاملين
carrera (f)	mehna (f)	مهنة
perspectiva (f)	ʾāfāq (pl)	آفاق
maestría (f)	maharāt (pl)	مهارات
selección (f)	eχteyār (m)	إختيار
agencia (f) de empleo	wekālet tawẓīf (f)	وكالة توّظيف
curriculum vitae (m)	sīra zātiya (f)	سيرة ذاتيّة
entrevista (f)	moʾablet ʿamal (f)	مقابلة عمل
vacancia (f)	wazīfa χaleya (f)	وظيفة خالية
salario (m)	morattab (m)	مرتّب
salario (m) fijo	rāteb sābet (m)	راتب ثابت
remuneración (f)	ogra (f)	أجرة
puesto (m) (trabajo)	manṣeb (m)	منصب
deber (m)	wāgeb (m)	واجب
gama (f) de deberes	magmūʿa men el wāgebāt (f)	مجموعة من الواجبات
ocupado (adj)	maʃχūl	مشغول
despedir (vt)	rafad	رفد
despido (m)	eqāla (m)	إقالة
desempleo (m)	baṭāla (f)	بطالة
desempleado (m)	ʿāṭel (m)	عاطل
jubilación (f)	maʿāʃ (m)	معاش
jubilarse	oḥīl ʿala el maʿāʃ	أحيل على المعاش

86. Los negociantes

director (m)	modīr (m)	مدير
gerente (m)	modīr (m)	مدير
jefe (m)	raʾīs (m)	رئيس
superior (m)	motafawweq (m)	متفوّق
superiores (m pl)	roʾasāʾ (pl)	رؤساء
presidente (m)	raʾīs (m)	رئيس
presidente (m) (de compañía)	raʾīs (m)	رئيس
adjunto (m)	nāʾeb (m)	نائب
asistente (m)	mosāʿed (m)	مساعد

secretario, -a (m, f)	sekerteyr (m)	سكرتير
secretario (m) particular	sekerteyr χāṣ (m)	سكرتير خاص
hombre (m) de negocios	ragol a'māl (m)	رجل أعمال
emprendedor (m)	rā'ed a'māl (m)	رائد أعمال
fundador (m)	mo'asses (m)	مؤسّس
fundar (vt)	asses	أسّس
institutor (m)	mo'asses (m)	مؤسّس
socio (m)	ʃerīk (m)	شريك
accionista (m)	mālek el as-hom (m)	مالك الأسهم
millonario (m)	millyonīr (m)	مليونير
multimillonario (m)	milliardīr (m)	ملياردير
propietario (m)	ṣāḥeb (m)	صاحب
terrateniente (m)	ṣāḥeb el arḍ (m)	صاحب الأرض
cliente (m)	'amīl (m)	عميل
cliente (m) habitual	'amīl dā'em (m)	عميل دائم
comprador (m)	moʃtary (m)	مشتري
visitante (m)	zā'er (m)	زائر
profesional (m)	moḥtaref (m)	محترف
experto (m)	χabīr (m)	خبير
especialista (m)	motaχaṣṣeṣ (m)	متخصّص
banquero (m)	ṣāḥeb maṣraf (m)	صاحب مصرف
broker (m)	semsār (m)	سمسار
cajero (m)	'āmel kaʃier (m)	عامل كاشيير
contable (m)	muḥāseb (m)	محاسب
guardia (m) de seguridad	ḥāres amn (m)	حارس أمن
inversionista (m)	mostasmer (m)	مستثمر
deudor (m)	modīn (m)	مدين
acreedor (m)	dā'en (m)	دائن
prestatario (m)	moqtareḍ (m)	مقترض
importador (m)	mostawred (m)	مستورّد
exportador (m)	moṣadder (m)	مصدّر
productor (m)	el ʃerka el moṣanne'a (f)	الشركة المصنّعة
distribuidor (m)	mowazze' (m)	موزّع
intermediario (m)	wasīṭ (m)	وسيط
asesor (m) (~ fiscal)	mostaʃār (m)	مستشار
representante (m)	mandūb mabi'āt (m)	مندوب مبيعات
agente (m)	wakīl (m)	وكيل
agente (m) de seguros	wakīl el ta'mīn (m)	وكيل التأمين

87. Los trabajos de servicio

cocinero (m)	ṭabbāχ (m)	طبّاخ
jefe (m) de cocina	el ʃeyf (m)	الشيف

panadero (m)	xabbāz (m)	خبّاز
barman (m)	bārman (m)	بارمان
camarero (m)	garsone (m)	جرسون
camarera (f)	garsona (f)	جرسونة
abogado (m)	muḥāmy (m)	محامي
jurista (m)	muḥāmy xabīr qanūny (m)	محامي خبير قانوني
notario (m)	mowassaq (m)	موثّق
electricista (m)	kahrabā'y (m)	كهربائي
fontanero (m)	samkary (m)	سمكري
carpintero (m)	naggār (m)	نجّار
masajista (m)	modallek (m)	مدلّك
masajista (f)	modalleka (f)	مدلّكة
médico (m)	doktore (m)	دكتور
taxista (m)	sawwā' taksi (m)	سوّاق تاكسي
chofer (m)	sawwā' (m)	سوّاق
repartidor (m)	rāgel el delivery (m)	راجل الديلفري
camarera (f)	'āmela tandīf xoraf (f)	عاملة تنظيف غرف
guardia (m) de seguridad	ḥāres amn (m)	حارس أمن
azafata (f)	modīfet ṭayarān (f)	مضيفة طيران
profesor (m) (~ de baile, etc.)	modarres madrasa (m)	مدرّس مدرسة
bibliotecario (m)	amīn maktaba (m)	أمين مكتبة
traductor (m)	motargem (m)	مترجم
intérprete (m)	motargem fawwry (m)	مترجم فوّري
guía (m)	morʃed (m)	مرشد
peluquero (m)	ḥallā' (m)	حلّاق
cartero (m)	sā'y el barīd (m)	ساعي البريد
vendedor (m)	bayā' (m)	بيّاع
jardinero (m)	bostāny (m)	بستاني
servidor (m)	xādema (m)	خادمة
criada (f)	xadema (f)	خادمة
mujer (f) de la limpieza	'āmela tandīf (f)	عاملة تنظيف

88. La profesión militar y los rangos

soldado (m) raso	gondy (m)	جنّدي
sargento (m)	raqīb tāny (m)	رقيب تاني
teniente (m)	molāzem tāny (m)	ملازم تاني
capitán (m)	naqīb (m)	نقيب
mayor (m)	rā'ed (m)	رائد
coronel (m)	'aqīd (m)	عقيد
general (m)	ʒenerāl (m)	جنرال
mariscal (m)	marʃāl (m)	مارشال
almirante (m)	amerāl (m)	أميرال
militar (m)	'askary (m)	عسكري
soldado (m)	gondy (m)	جنّدي

oficial (m)	ḍābeṭ (m)	ضابط
comandante (m)	qā'ed (m)	قائد
guardafronteras (m)	ḥaras ḥodūd (m)	حرس حدود
radio-operador (m)	'āmel lāselky (m)	عامل لاسلكي
explorador (m)	rā'ed mostakʃef (m)	رائد مستكشف
zapador (m)	mohandes 'askary (m)	مهندس عسكري
tirador (m)	rāmy (m)	رامي
navegador (m)	mallāḥ (m)	ملاّح

89. Los oficiales. Los sacerdotes

rey (m)	malek (m)	ملك
reina (f)	maleka (f)	ملكة
príncipe (m)	amīr (m)	أمير
princesa (f)	amīra (f)	أميرة
zar (m)	qayṣar (m)	قيصر
zarina (f)	qayṣara (f)	قيصرة
presidente (m)	ra'īs (m)	رئيس
ministro (m)	wazīr (m)	وزير
primer ministro (m)	ra'īs wozarā' (m)	رئيس وزراء
senador (m)	'oḍw magles el ʃoyūχ (m)	عضو مجلس الشيوخ
diplomático (m)	deblomāsy (m)	دبلوماسي
cónsul (m)	qonṣol (m)	قنصل
embajador (m)	safīr (m)	سفير
consejero (m)	mostaʃār (m)	مستشار
funcionario (m)	mowaẓẓaf (m)	موظّف
prefecto (m)	ra'īs edāret el ḥayī (m)	رئيس إدارة الحي
alcalde (m)	ra'īs el baladiya (m)	رئيس البلديّة
juez (m)	qāḍy (m)	قاضي
fiscal (m)	el na'eb el 'ām (m)	النائب العام
misionero (m)	mobasʃer (m)	مبشّر
monje (m)	rāheb (m)	راهب
abad (m)	ra'īs el deyr (m)	رئيس الدير
rabino (m)	ḥaχām (m)	حاخام
visir (m)	wazīr (m)	وزير
sha (m)	ʃāh (m)	شاه
jeque (m)	ʃɛyχ (m)	شيخ

90. Las profesiones agrícolas

apicultor (m)	naḥḥāl (m)	نحّال
pastor (m)	rā'y (m)	راعي
agrónomo (m)	mohandes zerā'y (m)	مهندس زراعي

ganadero (m)	morabby el mawāʃy (m)	مربّي المواشي
veterinario (m)	doktore beṭary (m)	دكتور بيطري
granjero (m)	mozāreʿ (m)	مزارع
vinicultor (m)	ṣāneʿ el χamr (m)	صانع الخمر
zoólogo (m)	χabīr fe ʿelm el ḥayawān (m)	خبير في علم الحيوان
vaquero (m)	rāʿy el baʾar (m)	راعي البقر

91. Las profesiones artísticas

actor (m)	momassel (m)	ممثّل
actriz (f)	momassela (f)	ممثّلة
cantante (m)	moṭreb (m)	مطرب
cantante (f)	moṭreba (f)	مطربة
bailarín (m)	rāqeṣ (m)	راقص
bailarina (f)	raʾāṣa (f)	راقصة
artista (m)	fannān (m)	فنّان
artista (f)	fannāna (f)	فنّانة
músico (m)	ʿāzef (m)	عازف
pianista (m)	ʿāzef biano (m)	عازف بيانو
guitarrista (m)	ʿāzef guitar (m)	عازف جيتار
director (m) de orquesta	qāʾed orkestra (m)	قائد أوركسترا
compositor (m)	molaḥḥen (m)	ملحّن
empresario (m)	modīr ferʾa (m)	مدير فرقة
director (m) de cine	moχreg aflām (m)	مخرج أفلام
productor (m)	monteg (m)	منتج
guionista (m)	kāteb senario (m)	كاتب سيناريو
crítico (m)	nāqed (m)	ناقد
escritor (m)	kāteb (m)	كاتب
poeta (m)	ʃāʿer (m)	شاعر
escultor (m)	naḥḥāt (m)	نحّات
pintor (m)	rassām (m)	رسّام
malabarista (m)	bahlawān (m)	بهلوان
payaso (m)	aragoze (m)	أراجوز
acróbata (m)	bahlawān (m)	بهلوان
ilusionista (m)	sāḥer (m)	ساحر

92. Profesiones diversas

médico (m)	doktore (m)	دكتور
enfermera (f)	momarreḍa (f)	ممرّضة
psiquiatra (m)	doktore nafsāny (m)	دكتور نفساني
dentista (m)	doktore asnān (m)	دكتور أسنان
cirujano (m)	garrāḥ (m)	جرّاح

astronauta (m)	rā'ed faḍā' (m)	رائد فضاء
astrónomo (m)	'ālem falak (m)	عالم فلك
piloto (m)	ṭayār (m)	طيّار
conductor (m) (chófer)	sawwā' (m)	سوّاق
maquinista (m)	sawwā' (m)	سوّاق
mecánico (m)	mikanīky (m)	ميكانيكي
minero (m)	'āmel mangam (m)	عامل منجم
obrero (m)	'āmel (m)	عامل
cerrajero (m)	'affāl (m)	قفّال
carpintero (m)	naggār (m)	نجّار
tornero (m)	χarrāṭ (m)	خرّاط
albañil (m)	'āmel benā' (m)	عامل بناء
soldador (m)	laḥḥām (m)	لحّام
profesor (m) (título)	brofessor (m)	بروفيسور
arquitecto (m)	mohandes me'māry (m)	مهندس معماري
historiador (m)	mo'arreχ (m)	مؤرّخ
científico (m)	'ālem (m)	عالم
físico (m)	fizyā'y (m)	فيزيائي
químico (m)	kemyā'y (m)	كيميائي
arqueólogo (m)	'ālem'āsār (m)	عالم آثار
geólogo (m)	ʒeoloʒy (m)	جيولوجي
investigador (m)	bāḥes (m)	باحث
niñera (f)	dāda (f)	دادة
pedagogo (m)	mo'allem (m)	معلّم
redactor (m)	moḥarrer (m)	محرّر
redactor jefe (m)	ra'īs taḥrīr (m)	رئيس تحرير
corresponsal (m)	morāsel (m)	مراسل
mecanógrafa (f)	kāteba 'ala el 'āla el kāteba (f)	كاتبة على الآلة الكاتبة
diseñador (m)	moṣammem (m)	مصمّم
especialista (m) en ordenadores	motaχaṣṣeṣ bel kombuter (m)	متخصص بالكمبيوتر
programador (m)	mobarmeg (m)	مبرمج
ingeniero (m)	mohandes (m)	مهندس
marino (m)	baḥḥār (m)	بحّار
marinero (m)	baḥḥār (m)	بحّار
socorrista (m)	monqez (m)	منقذ
bombero (m)	rāgel el maṭāfy (m)	راجل المطافئ
policía (m)	ʃorṭy (m)	شرطي
vigilante (m) nocturno	ḥāres (m)	حارس
detective (m)	moḥaqqeq (m)	محقّق
aduanero (m)	mowazzaf el gamārek (m)	موظّف الجمارك
guardaespaldas (m)	ḥāres ʃaχṣy (m)	حارس شخصي
guardia (m) de prisiones	ḥāres segn (m)	حارس سجن
inspector (m)	mofatteʃ (m)	مفتّش
deportista (m)	reyāḍy (m)	رياضي
entrenador (m)	modarreb (m)	مدرّب

carnicero (m)	gazzār (m)	جزّار
zapatero (m)	eskāfy (m)	إسكافي
comerciante (m)	tāger (m)	تاجر
cargador (m)	ʃayāl (m)	شيّال
diseñador (m) de modas	moṣammem azyā' (m)	مصمّم أزياء
modelo (f)	modeyl (f)	موديل

93. Los trabajos. El estatus social

escolar (m)	talmīz (m)	تلميذ
estudiante (m)	ṭāleb (m)	طالب
filósofo (m)	faylasūf (m)	فيلسوف
economista (m)	eqtiṣādy (m)	إقتصادي
inventor (m)	moχtare' (m)	مخترع
desempleado (m)	'āṭel (m)	عاطل
jubilado (m)	motaqā'ed (m)	متقاعد
espía (m)	gasūs (m)	جاسوس
prisionero (m)	sagīn (m)	سجين
huelguista (m)	moḍrab (m)	مضرب
burócrata (m)	buroqrāṭy (m)	بيوروقراطي
viajero (m)	raḥḥāla (m)	رحّالة
homosexual (m)	ʃāz (m)	شاذ
hacker (m)	haker (m)	هاكِر
hippie (m)	hippi (m)	هيبي
bandido (m)	qāṭe' ṭarī' (m)	قاطع طريق
sicario (m)	qātel ma'gūr (m)	قاتل مأجور
drogadicto (m)	modmen moχaddarāt (m)	مدمن مخدّرات
narcotraficante (m)	tāger moχaddarāt (m)	تاجر مخدّرات
prostituta (f)	mommos (f)	مومِس
chulo (m), proxeneta (m)	qawwād (m)	قوّاد
brujo (m)	sāḥer (m)	ساحر
bruja (f)	sāḥera (f)	ساحرة
pirata (m)	'orṣān (m)	قرصان
esclavo (m)	'abd (m)	عبد
samurai (m)	samuray (m)	ساموراي
salvaje (m)	motawaḥḥeʃ (m)	متوحّش

La educación

94. La escuela

escuela (f)	madrasa (f)	مدرسة
director (m) de escuela	modīr el madrasa (m)	مدير المدرسة
alumno (m)	talmīz (m)	تلميذ
alumna (f)	telmīza (f)	تلميذة
escolar (m)	talmīz (m)	تلميذ
escolar (f)	telmīza (f)	تلميذة
enseñar (vt)	ʿallem	علّم
aprender (ingles, etc.)	taʿallam	تعلّم
aprender de memoria	ḥafaẓ	حفظ
aprender (a leer, etc.)	taʿallam	تعلّم
estar en la escuela	daras	درس
ir a la escuela	rāḥ el madrasa	راح المدرسة
alfabeto (m)	abgadiya (f)	أبجدية
materia (f)	madda (f)	مادّة
aula (f)	faṣl (m)	فصل
lección (f)	dars (m)	درس
recreo (m)	estrāḥa (f)	إستراحة
campana (f)	garas el madrasa (m)	جرس المدرسة
pupitre (m)	disk el madrasa (m)	ديسك المدرسة
pizarra (f)	sabbūra (f)	سبّورة
nota (f)	daraga (f)	درجة
buena nota (f)	daraga kewayesa (f)	درجة كويسة
mala nota (f)	daraga meʃ kewayesa (f)	درجة مش كويسة
poner una nota	edda daraga	إدّى درجة
falta (f)	χaṭaʾ (m)	خطأ
hacer faltas	aχṭaʾ	أخطأ
corregir (un error)	ṣaḥḥaḥ	صحّح
chuleta (f)	berʃām (m)	برشام
deberes (m pl) de casa	wāgeb (m)	واجب
ejercicio (m)	tamrīn (m)	تمرين
estar presente	ḥaḍar	حضر
estar ausente	ɣāb	غاب
faltar a las clases	taɣeyyab ʿan el madrasa	تغيّب عن المدرسة
castigar (vt)	ʿāqab	عاقب
castigo (m)	ʿeqāb (m)	عقاب
conducta (f)	solūk (m)	سلوك

libreta (f) de notas	el taqrīr el madrasy (m)	التقرير المدرسي
lápiz (m)	'alam roṣāṣ (m)	قلم رصاص
goma (f) de borrar	astīka (f)	استيكة
tiza (f)	ṭabaʃīr (m)	طباشير
cartuchera (f)	ma'lama (f)	مقلمة
mochila (f)	ʃanṭet el madrasa (f)	شنطة المدرسة
bolígrafo (m)	'alam (m)	قلم
cuaderno (m)	daftar (m)	دفتر
manual (m)	ketāb ta'līm (m)	كتاب تعليم
compás (m)	bargal (m)	برجل
trazar (vi, vt)	rasam rasm teqany	رسم رسم تقني
dibujo (m) técnico	rasm teqany (m)	رسم تقني
poema (m), poesía (f)	'aṣīda (f)	قصيدة
de memoria (adv)	'an ẓahr qalb	عن ظهر قلب
aprender de memoria	ḥafaẓ	حفظ
vacaciones (f pl)	agāza (f)	أجازة
estar de vacaciones	'ando agāza	عنده أجازة
pasar las vacaciones	'aḍa el agāza	قضى الأجازة
prueba (f) escrita	emteḥān (m)	إمتحان
composición (f)	enʃā' (m)	إنشاء
dictado (m)	emlā' (m)	إملاء
examen (m)	emteḥān (m)	إمتحان
hacer un examen	'amal emteḥān	عمل إمتحان
experimento (m)	tagreba (f)	تجربة

95. Los institutos. La Universidad

academia (f)	akademiya (f)	أكاديميّة
universidad (f)	gam'a (f)	جامعة
facultad (f)	kolliya (f)	كلّيّة
estudiante (m)	ṭāleb (m)	طالب
estudiante (f)	ṭāleba (f)	طالبة
profesor (m)	muḥāḍer (m)	محاضر
aula (f)	modarrag (m)	مدرّج
graduado (m)	motaχarreg (m)	متخرج
diploma (m)	dibloma (f)	دبلومة
tesis (f) de grado	resāla 'elmiya (f)	رسالة علميّة
estudio (m)	derāsa (f)	دراسة
laboratorio (m)	moχtabar (m)	مختبر
clase (f)	moḥaḍra (f)	محاضرة
compañero (m) de curso	zamīl fel ṣaff (m)	زميل في الصفّ
beca (f)	menḥa derāsiya (f)	منحة دراسيّة
grado (m) académico	daraga 'elmiya (f)	درجة علميّة

96. Las ciencias. Las disciplinas

matemáticas (f pl)	reyāḍīāt (pl)	رياضيّات
álgebra (f)	el gabr (m)	الجبر
geometría (f)	handasa (f)	هندسة
astronomía (f)	ʿelm el falak (m)	علم الفلك
biología (f)	al aḥya' (m)	الأحياء
geografía (f)	goɣrafia (f)	جغرافيا
geología (f)	ʒeoloʒia (f)	جيولوجيا
historia (f)	tarīχ (m)	تاريخ
medicina (f)	ṭebb (m)	طبّ
pedagogía (f)	tarbeya (f)	تربية
derecho (m)	qanūn (m)	قانون
física (f)	fezya' (f)	فيزياء
química (f)	kemya' (f)	كيمياء
filosofía (f)	falsafa (f)	فلسفة
psicología (f)	ʿelm el nafs (m)	علم النفس

97. Los sistemas de escritura. La ortografía

gramática (f)	el naḥw wel ṣarf (m)	النحو والصرف
vocabulario (m)	mofradāt el loɣa (pl)	مفردات اللغة
fonética (f)	ṣawtīāt (pl)	صوتيات
sustantivo (m)	esm (m)	اسم
adjetivo (m)	ṣefa (f)	صفة
verbo (m)	feʿl (m)	فعل
adverbio (m)	ẓarf (m)	ظرف
pronombre (m)	ḍamīr (m)	ضمير
interjección (f)	oslūb el taʿaggob (m)	أسلوب التعجّب
preposición (f)	ḥarf el garr (m)	حرف الجرّ
raíz (f), radical (m)	gezr el kelma (m)	جذر الكلمة
desinencia (f)	nehāya (f)	نهاية
prefijo (m)	sabaeqa (f)	سابقة
sílaba (f)	maqṭaʿ lafzy (m)	مقطع لفظي
sufijo (m)	lāḥeqa (f)	لاحقة
acento (m)	nabra (f)	نبرة
apóstrofo (m)	ʿalāmet ḥazf (f)	علامة حذف
punto (m)	no'ṭa (f)	نقطة
coma (m)	faṣla (f)	فاصلة
punto y coma	no'ṭa w faṣla (f)	نقطة وفاصلة
dos puntos (m pl)	no'ṭeteyn (pl)	نقطتين
puntos (m pl) suspensivos	talat no'aṭ (pl)	ثلاث نقط
signo (m) de interrogación	ʿalāmet estefhām (f)	علامة إستفهام
signo (m) de admiración	'alāmet taʿaggob (f)	علامة تعجّب

comillas (f pl)	ʿalamāt el eqṭebās (pl)	علامات الإقتباس
entre comillas	beyn ʿalamaty el eqtebās	بين علامتي الاقتباس
paréntesis (m)	qoseyn (du)	قوسين
entre paréntesis	beyn el qoseyn	بين القوسين
guión (m)	ʿalāmet waṣl (f)	علامة وصل
raya (f)	ʃorṭa (f)	شرطة
blanco (m)	farāɣ (m)	فراغ
letra (f)	ḥarf (m)	حرف
letra (f) mayúscula	ḥarf kebīr (m)	حرف كبير
vocal (f)	ḥarf ṣauty (m)	حرف صوتي
consonante (m)	ḥarf sāken (m)	حرف ساكن
oración (f)	gomla (f)	جملة
sujeto (m)	fāʿel (m)	فاعل
predicado (m)	mosnad (m)	مسند
línea (f)	saṭr (m)	سطر
en una nueva línea	men bedāyet el saṭr	من بداية السطر
párrafo (m)	faqra (f)	فقرة
palabra (f)	kelma (f)	كلمة
combinación (f) de palabras	magmūʿa men el kelamāt (pl)	مجموعة من الكلمات
expresión (f)	moṣṭalaḥ (m)	مصطلح
sinónimo (m)	morādef (m)	مرادف
antónimo (m)	motaḍād loɣawy (m)	متضاد لغوي
regla (f)	qaʿeda (f)	قاعدة
excepción (f)	estesnāʾ (m)	إستثناء
correcto (adj)	ṣaḥīḥ	صحيح
conjugación (f)	ṣarf (m)	صرف
declinación (f)	taṣrīf el asmāʾ (m)	تصريف الأسماء
caso (m)	ḥāla esmiya (f)	حالة أسمية
pregunta (f)	soʾāl (m)	سؤال
subrayar (vt)	ḥaṭṭ χaṭṭ taḥt	حطّ خط تحت
línea (f) de puntos	χaṭṭ menaʾʾaṭ (m)	خطّ منقّط

98. Los idiomas extranjeros

lengua (f)	loɣa (f)	لغة
extranjero (adj)	agnaby	أجنبيّ
lengua (f) extranjera	loɣa agnabiya (f)	لغة أجنبية
estudiar (vt)	daras	درس
aprender (ingles, etc.)	taʿallam	تعلّم
leer (vi, vt)	ʾara	قرأ
hablar (vi, vt)	kallem	كلّم
comprender (vt)	fehem	فهم
escribir (vt)	katab	كتب
rápidamente (adv)	bosorʿa	بسرعة
lentamente (adv)	bo boṭʾ	ببطء

con fluidez (adv)	beṭalāqa	بطلاقة
reglas (f pl)	qawā'ed (pl)	قواعد
gramática (f)	el naḥw wel ṣarf (m)	النحو والصرف
vocabulario (m)	mofradāt el loɣa (pl)	مفردات اللغة
fonética (f)	ṣawtīāt (pl)	صوتيات
manual (m)	ketāb ta'līm (m)	كتاب تعليم
diccionario (m)	qamūs (m)	قاموس
manual (m) autodidáctico	ketāb ta'līm zāty (m)	كتاب تعليم ذاتي
guía (f) de conversación	ketāb lel 'ebarāt el ʃā'e'a (m)	كتاب للعبارت الشائعة
casete (m)	kasett (m)	كاسيت
videocasete (f)	ʃerī'ṭ video (m)	شريط فيديو
disco compacto, CD (m)	sidī (m)	سي دي
DVD (m)	dividī (m)	دي في دي
alfabeto (m)	abgadiya (f)	أبجدية
deletrear (vt)	tahagga	تهجّى
pronunciación (f)	noṭ' (m)	نطق
acento (m)	lahga (f)	لهجة
con acento	be lahga	بـ لهجة
sin acento	men ɣeyr lahga	من غير لهجة
palabra (f)	kelma (f)	كلمة
significado (m)	ma'na (m)	معنى
cursos (m pl)	dawra (f)	دورة
inscribirse (vr)	saggel esmo	سجّل إسمه
profesor (m) (~ de inglés)	modarres (m)	مدرّس
traducción (f) (proceso)	targama (f)	ترجمة
traducción (f) (texto)	targama (f)	ترجمة
traductor (m)	motargem (m)	مترجم
intérprete (m)	motargem fawwry (m)	مترجم فوّري
políglota (m)	'alīm be'eddet loɣāt (m)	عليم بعدّة لغات
memoria (f)	zākera (f)	ذاكرة

El descanso. El entretenimiento. El viaje

99. Las vacaciones. El viaje

turismo (m)	seyāḥa (f)	سياحة
turista (m)	sā'eḥ (m)	سائح
viaje (m)	reḥla (f)	رحلة
aventura (f)	moɣamra (f)	مغامرة
viaje (m) (p.ej. ~ en coche)	reḥla (f)	رحلة
vacaciones (f pl)	agāza (f)	أجازة
estar de vacaciones	kān fi agāza	كان في أجازة
descanso (m)	estrāḥa (f)	إستراحة
tren (m)	qeṭār, 'aṭṭr (m)	قطار
en tren	bel qeṭār - bel aṭṭr	بالقطار
avión (m)	ṭayāra (f)	طيّارة
en avión	bel ṭayāra	بالطيّارة
en coche	bel sayāra	بالسيّارة
en barco	bel safīna	بالسفينة
equipaje (m)	el ʃonaṭ (pl)	الشنط
maleta (f)	ʃanṭa (f)	شنطة
carrito (m) de equipaje	'arabet ʃonaṭ (f)	عربة شنط
pasaporte (m)	basbore (m)	باسبور
visado (m)	ta'ʃīra (f)	تأشيرة
billete (m)	tazkara (f)	تذكرة
billete (m) de avión	tazkara ṭayarān (f)	تذكرة طيران
guía (f) (libro)	dalīl (m)	دليل
mapa (m)	χarīṭa (f)	خريطة
área (f) (~ rural)	mante'a (f)	منطقة
lugar (m)	makān (m)	مكان
exotismo (m)	ɣarāba (f)	غرابة
exótico (adj)	ɣarīb	غريب
asombroso (adj)	mod-heʃ	مدهش
grupo (m)	magmū'a (f)	مجموعة
excursión (f)	gawla (f)	جولة
guía (m) (persona)	morʃed (m)	مرشد

100. El hotel

hotel (m)	fondo' (m)	فندق
motel (m)	motel (m)	موتيل
de tres estrellas	talat nogūm	ثلاث نجوم

de cinco estrellas	χamas nogūm	خمس نجوم
hospedarse (vr)	nezel	نزل
habitación (f)	oḍa (f)	أوضة
habitación (f) individual	owḍa le ʃaχṣ wāḥed (f)	أوضة لشخص واحد
habitación (f) doble	oḍa le ʃaχṣeyn (f)	أوضة لشخصين
reservar una habitación	ḥagaz owḍa	حجز أوضة
media pensión (f)	wagbeteyn fel yome (du)	وجبتين في اليوم
pensión (f) completa	talat wagabāt fel yome	ثلاث وجبات في اليوم
con baño	bel banyo	بـ البانيو
con ducha	bel doʃ	بالدوش
televisión (f) satélite	televizion be qanawāt faḍā'iya (m)	تليفزيون بقنوات فضائية
climatizador (m)	takyīf (m)	تكييف
toalla (f)	fūṭa (f)	فوطة
llave (f)	meftāḥ (m)	مفتاح
administrador (m)	modīr (m)	مدير
camarera (f)	ʿāmela tandīf ɣoraf (f)	عاملة تنظيف غرف
maletero (m)	ʃayāl (m)	شيّال
portero (m)	bawwāb (m)	بوّاب
restaurante (m)	maṭʿam (m)	مطعم
bar (m)	bār (m)	بار
desayuno (m)	foṭūr (m)	فطور
cena (f)	ʿaʃā' (m)	عشاء
buffet (m) libre	bofeyh (m)	بوفيه
vestíbulo (m)	rad-ha (f)	ردهة
ascensor (m)	asanseyr (m)	اسانسير
NO MOLESTAR	nargu ʿadam el ezʿāg	نرجو عدم الإزعاج
PROHIBIDO FUMAR	mamnūʿ el tadχīn	ممنوع التدخين

EL EQUIPO TÉCNICO. EL TRANSPORTE

El equipo técnico

101. El computador

ordenador (m)	kombuter (m)	كمبيوتر
ordenador (m) portátil	lab tob (m)	لابتوب
encender (vt)	fataḥ, ʃagɣal	فتح, شغّل
apagar (vt)	ṭaffa	طفّى
teclado (m)	lawḥet el mafatīḥ (f)	لوحة المفاتيح
tecla (f)	meftāḥ (m)	مفتاح
ratón (m)	maws (m)	ماوس
alfombrilla (f) para ratón	maws bād (m)	ماوس باد
botón (m)	zerr (m)	زرّ
cursor (m)	moʾasʃer (m)	مؤشّر
monitor (m)	ʃāʃa (f)	شاشة
pantalla (f)	ʃāʃa (f)	شاشة
disco (m) duro	hard disk (m)	هارد ديسك
volumen (m) de disco duro	seʿet el hard disk (f)	سعة الهارد ديسك
memoria (f)	zākera (f)	ذاكرة
memoria (f) operativa	zākerat el woṣūl el ʿaʃwāʾy (f)	ذاكرة الوصول العشوائي
archivo, fichero (m)	malaff (m)	ملفّ
carpeta (f)	ḥāfeza (m)	حافظة
abrir (vt)	fataḥ	فتح
cerrar (vt)	ʾafal	قفل
guardar (un archivo)	ḥafaẓ	حفظ
borrar (vt)	masaḥ	مسح
copiar (vt)	nasaχ	نسخ
ordenar (vt) (~ de A a Z, etc.)	ṣannaf	صنّف
transferir (vt)	naʾal	نقل
programa (m)	barnāmeg (m)	برنامج
software (m)	barmagīāt (pl)	برمجيّات
programador (m)	mobarmeg (m)	مبرمج
programar (vt)	barmag	برمج
hacker (m)	haker (m)	هاكر
contraseña (f)	kelmet el serr (f)	كلمة السرّ
virus (m)	virūs (m)	فيروس
detectar (vt)	laʾa	لقى
octeto, byte (m)	byte (m)	بايت

megaocteto (m)	megabayt (m)	ميجا بايت
datos (m pl)	bayanāt (pl)	بيانات
base (f) de datos	qa'edet bayanāt (f)	قاعدة بيانات
cable (m)	kabl (m)	كابل
desconectar (vt)	faṣal	فصل
conectar (vt)	waṣṣal	وصّل

102. El internet. El correo electrónico

internet (m), red (f)	internet (m)	إنترنت
navegador (m)	motaṣaffeḥ (m)	متصفّح
buscador (m)	moḥarrek baḥs (m)	محرك بحث
proveedor (m)	ʃerket el internet (f)	شركة الإنترنت
webmaster (m)	modīr el mawqe' (m)	مدير الموقع
sitio (m) web	mawqe' elektrony (m)	موقع الكتروني
página (f) web	ṣafḥet web (f)	صفحة ويب
dirección (f)	'enwān (m)	عنوان
libro (m) de direcciones	daftar el 'anawīn (m)	دفتر العناوين
buzón (m)	ṣandū' el barīd (m)	صندوق البريد
correo (m)	barīd (m)	بريد
lleno (adj)	mumtali'	ممتلىء
mensaje (m)	resāla (f)	رسالة
correo (m) entrante	rasa'el wārda (pl)	رسائل واردة
correo (m) saliente	rasa'el ṣādra (pl)	رسائل صادرة
expedidor (m)	morsel (m)	مرسل
enviar (vt)	arsal	أرسل
envío (m)	ersāl (m)	إرسال
destinatario (m)	morsel elayh (m)	مرسل إليه
recibir (vt)	estalam	إستلم
correspondencia (f)	morasla (f)	مراسلة
escribirse con ...	tarāsal	تراسل
archivo, fichero (m)	malaff (m)	ملفّ
descargar (vt)	ḥammel	حمّل
crear (vt)	'amal	عمل
borrar (vt)	masaḥ	مسح
borrado (adj)	mamsūḥ	ممسوح
conexión (f) (ADSL, etc.)	etteṣāl (m)	إتّصال
velocidad (f)	sor'a (f)	سرعة
módem (m)	modem (m)	مودم
acceso (m)	woṣūl (m)	وصول
puerto (m)	maχrag (m)	مخرج
conexión (f) (establecer la ~)	etteṣāl (m)	إتّصال
conectarse a ...	yuwṣel	يوصل
seleccionar (vt)	eχtār	إختار
buscar (vt)	baḥs	بحث

103. La electricidad

electricidad (f)	kahraba' (m)	كهرباء
eléctrico (adj)	kahrabā'y	كهربائي
central (f) eléctrica	maḥaṭṭa kahraba'iya (f)	محطة كهربائيّة
energía (f)	ṭāqa (f)	طاقة
energía (f) eléctrica	ṭāqa kahraba'iya (f)	طاقة كهربائيّة
bombilla (f)	lammba (f)	لمّبة
linterna (f)	kasʃāf el nūr (m)	كشّاف النور
farola (f)	ʿamūd el nūr (m)	عمود النور
luz (f)	nūr (m)	نور
encender (vt)	fataḥ, ʃagɣal	فتح, شغّل
apagar (vt)	ṭaffa	طفّى
apagar la luz	ṭaffa el nūr	طفّى النور
quemarse (vr)	etṭafa	إتّطفى
circuito (m) corto	dayra kahraba'iya 'aṣīra (f)	دائرة كهربائية قصيرة
ruptura (f)	selk ma'ṭūʿ (m)	سلك مقطوع
contacto (m)	talāmos (m)	تلامس
interruptor (m)	meftāḥ el nūr (m)	مفتاح النور
enchufe (m)	bareza el kaharaba' (f)	بريزة الكهرباء
clavija (f)	fiʃet el kahraba' (f)	فيشة الكهرباء
alargador (m)	selk tawṣīl (m)	سلك توصيل
fusible (m)	fetīl (m)	فتيل
cable, hilo (m)	selk (m)	سلك
instalación (f) eléctrica	aslāk (pl)	أسلاك
amperio (m)	ambere (m)	أمبير
amperaje (m)	ʃeddet el tayār (f)	شدّة التيّار
voltio (m)	volt (m)	فولت
voltaje (m)	el gohd el kaharab'y (m)	الجهد الكهربائي
aparato (m) eléctrico	gehāz kahrabā'y (m)	جهاز كهربائي
indicador (m)	mo'asʃer (m)	مؤشّر
electricista (m)	kahrabā'y (m)	كهربائي
soldar (vt)	laḥam	لحم
soldador (m)	adat laḥm (f)	إداة لحم
corriente (f)	tayār kahrabā'y (m)	تيّاركهربائي

104. Las herramientas

instrumento (m)	adah (f)	أداة
instrumentos (m pl)	adawāt (pl)	أدوات
maquinaria (f)	moʿeddāt (pl)	معدّات
martillo (m)	ʃakūʃ (m)	شاكوش
destornillador (m)	mefakk (m)	مفكّ
hacha (f)	fa's (m)	فأس

sierra (f)	monʃār (m)	منشار
serrar (vt)	naʃar	نشر
cepillo (m)	mesḥāg (m)	مسحاج
cepillar (vt)	saḥag	سحج
soldador (m)	adat laḥm (f)	إداة لحم
soldar (vt)	laḥam	لحم
lima (f)	mabrad (m)	مبرد
tenazas (f pl)	kamʃa (f)	كمشة
alicates (m pl)	zardiya (f)	زرديّة
escoplo (m)	ezmīl (m)	إزميل
broca (f)	mesqāb (m)	مثقاب
taladro (m)	drill kahrabā'y (m)	دريل كهربائي
taladrar (vi, vt)	ḥafar	حفر
cuchillo (m)	sekkīna (f)	سكّينة
navaja (f)	sekkīnet gīb (m)	سكّينة جيب
filo (m)	ʃafra (f)	شفرة
agudo (adj)	ḥād	حاد
embotado (adj)	telma	تلمة
embotarse (vr)	kānet telma	كانت تلمة
afilar (vt)	sann	سنّ
perno (m)	mesmār 'alawoze (m)	مسمار قلاووظ
tuerca (f)	ṣamūla (f)	صامولة
filete (m)	χaʃχana (f)	خشخنة
tornillo (m)	'alawūz (m)	قلاووظ
clavo (m)	mesmār (m)	مسمار
cabeza (f) del clavo	rās el mesmār (m)	رأس المسمار
regla (f)	masṭara (f)	مسطرة
cinta (f) métrica	ʃerī'ṭ el 'eyās (m)	شريط القياس
nivel (m) de burbuja	mizān el maya (m)	ميزان الميّة
lupa (f)	'adasa mokabbera (f)	عدسة مكبّرة
aparato (m) de medida	gehāz 'eyās (m)	جهاز قياس
medir (vt)	'ās	قاس
escala (f) (~ métrica)	me'yās (m)	مقياس
lectura (f)	qerā'a (f)	قراءة
compresor (m)	kombressor (m)	كومبرسور
microscopio (m)	mikroskob (m)	ميكروسكوب
bomba (f) (~ de agua)	ṭolommba (f)	طلمّبة
robot (m)	robot (m)	روبوت
láser (m)	laser (m)	ليزر
llave (f) de tuerca	meftāḥ rabṭ (m)	مفتاح ربط
cinta (f) adhesiva	laz' (m)	لزق
cola (f), pegamento (m)	ṣamɣ (m)	صمغ
papel (m) de lija	wara' ṣanfara (m)	ورق صنفرة
resorte (m)	sosta (f)	سوستة

imán (m)	meɣnaṭīs (m)	مغنطيس
guantes (m pl)	gwanty (m)	جوانتي
cuerda (f)	ḥabl (m)	حبل
cordón (m)	selk (m)	سلك
hilo (m) (~ eléctrico)	selk (m)	سلك
cable (m)	kabl (m)	كابل
almádana (f)	marzaba (f)	مرزبة
barra (f)	ʿatala (f)	عتلة
escalera (f) portátil	sellem (m)	سلّم
escalera (f) de tijera	sellem naʾāl (m)	سلّم نقال
atornillar (vt)	aḥkam el ʃadd	أحكم الشدّ
destornillar (vt)	fataḥ	فتح
apretar (vt)	kamaʃ	كمش
pegar (vt)	alṣaq	ألصق
cortar (vt)	ʾaṭaʿ	قطع
fallo (m)	ʿoṭl (m)	عطل
reparación (f)	taṣlīḥ (m)	تصليح
reparar (vt)	ṣallaḥ	صلّح
regular, ajustar (vt)	ḍabaṭ	ضبط
verificar (vt)	exṭabar	إختبر
control (m)	faḥṣ (m)	فحص
lectura (f) (~ del contador)	qerāʾa (f)	قراءة
fiable (máquina)	matīn	متين
complicado (adj)	morakkab	مركّب
oxidarse (vr)	ṣadaʾ	صدئ
oxidado (adj)	meṣaddy	مصدّي
óxido (m)	ṣadaʾ (m)	صدأ

El transporte

105. El avión

avión (m)	ṭayāra (f)	طيّارة
billete (m) de avión	tazkara ṭayarān (f)	تذكرة طيران
compañía (f) aérea	ʃerket ṭayarān (f)	شركة طيران
aeropuerto (m)	maṭār (m)	مطار
supersónico (adj)	χāreq lel ṣote	خارق للصوت
comandante (m)	kabten (m)	كابتن
tripulación (f)	ṭa'm (m)	طقم
piloto (m)	ṭayār (m)	طيّار
azafata (f)	moḍīfet ṭayarān (f)	مضيفة طيران
navegador (m)	mallāḥ (m)	ملّاح
alas (f pl)	agneḥa (pl)	أجنحة
cola (f)	deyl (m)	ذيل
cabina (f)	kabīna (f)	كابينة
motor (m)	motore (m)	موتور
tren (m) de aterrizaje	'agalāt el hobūṭ (pl)	عجلات الهبوط
turbina (f)	torbīna (f)	توربينة
hélice (f)	marwaḥa (f)	مروّحة
caja (f) negra	mosaggel el ṭayarān (m)	مسجّل الطيران
timón (m)	moqawwed el ṭayāra (m)	مقوّد الطيّارة
combustible (m)	woqūd (m)	وقود
instructivo (m) de seguridad	beṭā'et el salāma (f)	بطاقة السلامة
respirador (m) de oxígeno	mask el oksyʒīn (m)	ماسك الاوكسيجين
uniforme (m)	zayī muwaḥḥad (m)	زيّ موحّد
chaleco (m) salvavidas	sotret nagah (f)	سترة نجاة
paracaídas (m)	baraʃot (m)	باراشوت
despegue (m)	eqlā' (m)	إقلاع
despegar (vi)	aqla'et	أقلعت
pista (f) de despegue	modarrag el ṭa'erāṭ (m)	مدرّج الطائرات
visibilidad (f)	ro'ya (f)	رؤية
vuelo (m)	ṭayarān (m)	طيران
altura (f)	ertefā' (m)	إرتفاع
pozo (m) de aire	geyb hawā'y (m)	جيب هوائي
asiento (m)	meq'ad (m)	مقعد
auriculares (m pl)	samma'āt ra'siya (pl)	سمّاعات رأسية
mesita (f) plegable	ṣeniya qabela lel ṭayī (f)	صينية قابلة للطيّ
ventana (f)	ʃebbāk el ṭayāra (m)	شبّاك الطيّارة
pasillo (m)	mamarr (m)	ممرّ

106. El tren

tren (m)	qeṭār, 'aṭṭr (m)	قطار
tren (m) de cercanías	qeṭār rokkāb (m)	قطار ركّاب
tren (m) rápido	qeṭār saree' (m)	قطار سريع
locomotora (f) diésel	qāṭeret dīzel (f)	قاطرة ديزل
tren (m) de vapor	qāṭera boxariya (f)	قاطرة بخاريّة
coche (m)	'araba (f)	عربة
coche (m) restaurante	'arabet el ṭa'ām (f)	عربة الطعام
rieles (m pl)	qoḍbān (pl)	قضبان
ferrocarril (m)	sekka ḥadīdiya (f)	سكّة حديديّة
traviesa (f)	'āreḍa sekket ḥadīd (f)	عارضة سكّة الحديد
plataforma (f)	raṣīf (m)	رصيف
vía (f)	xaṭṭ (m)	خطّ
semáforo (m)	semafore (m)	سيمافور
estación (f)	maḥaṭṭa (f)	محطّة
maquinista (m)	sawwā' (m)	سوّاق
maletero (m)	ʃayāl (m)	شيّال
mozo (m) del vagón	mas'ūl 'arabet el qeṭār (m)	مسؤول عربة القطار
pasajero (m)	rākeb (m)	راكب
revisor (m)	kamsary (m)	كمسري
corredor (m)	mamarr (m)	ممرّ
freno (m) de urgencia	farāmel el ṭawāre' (pl)	فرامل الطوارئ
compartimiento (m)	ɣorfa (f)	غرفة
litera (f)	serīr (m)	سرير
litera (f) de arriba	serīr 'olwy (m)	سرير علويّ
litera (f) de abajo	serīr sofly (m)	سرير سفلي
ropa (f) de cama	aɣṭeyet el serīr (pl)	أغطيّة السرير
billete (m)	tazkara (f)	تذكرة
horario (m)	gadwal (m)	جدول
pantalla (f) de información	lawḥet ma'lomāt (f)	لوحة معلومات
partir (vi)	ɣādar	غادر
partida (f) (del tren)	moɣadra (f)	مغادرة
llegar (tren)	weṣel	وصل
llegada (f)	woṣūl (m)	وصول
llegar en tren	weṣel bel qeṭār	وصل بالقطار
tomar el tren	rekeb el qeṭār	ركب القطار
bajar del tren	nezel men el qeṭār	نزل من القطار
descarrilamiento (m)	ḥeṭām qeṭār (m)	حطام قطار
descarrilarse (vr)	xarag 'an xaṭṭ sīru	خرج عن خطّ سيره
tren (m) de vapor	qāṭera boxariya (f)	قاطرة بخاريّة
fogonero (m)	'atʃagy (m)	عطشجي
hogar (m)	forn el moḥarrek (m)	فرن المحرّك
carbón (m)	faḥm (m)	فحم

107. El barco

barco, buque (m)	safīna (f)	سفينة
navío (m)	safīna (f)	سفينة
buque (m) de vapor	baχera (f)	باخرة
motonave (f)	baχera nahriya (f)	باخرة نهرية
trasatlántico (m)	safīna seyaḥiya (f)	سفينة سياحيّة
crucero (m)	ṭarrād safīna baḥariya (m)	طرّاد سفينة بحريّة
yate (m)	yaχt (m)	يخت
remolcador (m)	qāṭera baḥariya (f)	قاطرة بحريّة
barcaza (f)	ṣandal (m)	صندل
ferry (m)	'abbāra (f)	عبّارة
velero (m)	safīna ʃera'iya (m)	سفينة شراعيّة
bergantín (m)	markeb ʃerā'y (m)	مركب شراعي
rompehielos (m)	moḥaṭṭemet galīd (f)	محطّمة جليد
submarino (m)	ɣawwāṣa (f)	غوّاصة
bote (m) de remo	markeb (m)	مركب
bote (m)	zawra' (m)	زورق
bote (m) salvavidas	qāreb nagah (m)	قارب نجاة
lancha (f) motora	lunʃ (m)	لنش
capitán (m)	'obṭān (m)	قبطان
marinero (m)	baḥḥār (m)	بحّار
marino (m)	baḥḥār (m)	بحّار
tripulación (f)	ṭāqem (m)	طاقم
contramaestre (m)	rabbān (m)	ربّان
grumete (m)	ṣaby el safīna (m)	صبي السفينة
cocinero (m) de abordo	ṭabbāχ (m)	طبّاخ
médico (m) del buque	ṭabīb el safīna (m)	طبيب السفينة
cubierta (f)	saṭ-ḥ el safīna (m)	سطح السفينة
mástil (m)	sāreya (f)	سارية
vela (f)	ʃerā' (m)	شراع
bodega (f)	'anbar (m)	عنبر
proa (f)	mo'addema (m)	مقدّمة
popa (f)	mo'aχeret el safīna (f)	مؤخّرة السفينة
remo (m)	megdāf (m)	مجداف
hélice (f)	marwaḥa (f)	مروّحة
camarote (m)	kabīna (f)	كابينة
sala (f) de oficiales	ɣorfet el ṭa'ām wel rāḥa (f)	غرفة الطعام والراحة
sala (f) de máquinas	qesm el 'ālāt (m)	قسم الآلات
puente (m) de mando	borg el qeyāda (m)	برج القيادة
sala (f) de radio	ɣorfet el lāselky (f)	غرفة اللاسلكي
onda (f)	mouga (f)	موجة
cuaderno (m) de bitácora	segel el safīna (m)	سجل السفينة
anteojo (m)	monzār (m)	منظار
campana (f)	garas (m)	جرس

bandera (f)	ʿalam (m)	علم
cabo (m) (maroma)	ḥabl (m)	حبل
nudo (m)	ʿoʾda (f)	عقدة
pasamano (m)	drabzīn saṭ-ḥ el safīna (m)	درابزين سطح السفينة
pasarela (f)	sellem (m)	سلّم
ancla (f)	marsāh (f)	مرساة
levar ancla	rafaʿ morsah	رفع مرساة
echar ancla	rasa	رسا
cadena (f) del ancla	selselet morsah (f)	سلسلة مرساة
puerto (m)	mināʾ (m)	ميناء
embarcadero (m)	marsa (m)	مرسى
amarrar (vt)	rasa	رسا
desamarrar (vt)	aqlaʿ	أقلع
viaje (m)	reḥla (f)	رحلة
crucero (m) (viaje)	reḥla baḥariya (f)	رحلة بحريّة
derrota (f) (rumbo)	masār (m)	مسار
itinerario (m)	ṭarīʾ (m)	طريق
canal (m) navegable	magra melāḥy (m)	مجرى ملاحيّ
bajío (m)	meyāh ḍaḥla (f)	مياه ضحلة
encallar (vi)	ganaḥ	جنح
tempestad (f)	ʿāṣefa (f)	عاصفة
señal (f)	eʃara (f)	إشارة
hundirse (vr)	ɣereʾ	غرق
¡Hombre al agua!	saʾaṭ rāgil min el sefīna!	سقط راجل من السفينة!
SOS	nedāʾ eɣāsa (m)	نداء إغاثة
aro (m) salvavidas	ṭoʾe nagah (m)	طوق نجاة

108. El aeropuerto

aeropuerto (m)	maṭār (m)	مطار
avión (m)	ṭayāra (f)	طيّارة
compañía (f) aérea	ʃerket ṭayarān (f)	شركة طيران
controlador (m) aéreo	marākeb el ḥaraka el gawiya (m)	مراكب الحركة الجويّة
despegue (m)	moɣadra (f)	مغادرة
llegada (f)	woṣūl (m)	وصول
llegar (en avión)	weṣel	وصل
hora (f) de salida	waʾt el moɣadra (m)	وقت المغادرة
hora (f) de llegada	waʾt el woṣūl (m)	وقت الوصول
retrasarse (vr)	taʾakχar	تأخّر
retraso (m) de vuelo	taʾaχor el reḥla (m)	تأخّر الرحلة
pantalla (f) de información	lawḥet el maʿlomāt (f)	لوحة المعلومات
información (f)	esteʿlamāt (pl)	إستعلامات
anunciar (vt)	aʿlan	أعلن

vuelo (m)	reḥlet ṭayarān (f)	رحلة طيران
aduana (f)	gamārek (pl)	جمارك
aduanero (m)	mowazzaf el gamārek (m)	موظّف الجمارك
declaración (f) de aduana	taṣrīḥ gomroky (m)	تصريح جمركي
rellenar (vt)	mala	ملا
rellenar la declaración	mala el taṣrīḥ	ملأ التصريح
control (m) de pasaportes	taftīʃ el gawazāt (m)	تفتيش الجوازات
equipaje (m)	el ʃonaṭ (pl)	الشنط
equipaje (m) de mano	ʃonaṭ el yad (pl)	شنط اليد
carrito (m) de equipaje	ʿarabet ʃonaṭ (f)	عربة شنط
aterrizaje (m)	hobūṭ (m)	هبوط
pista (f) de aterrizaje	mamarr el hobūṭ (m)	ممرّ الهبوط
aterrizar (vi)	habaṭ	هبط
escaleras (f pl) (de avión)	sellem el ṭayāra (m)	سلّم الطيّارة
facturación (f) (check-in)	tasgīl (m)	تسجيل
mostrador (m) de facturación	makān tasgīl (m)	مكان تسجيل
hacer el check-in	saggel	سجّل
tarjeta (f) de embarque	beṭāqet el rokūb (f)	بطاقة الركوب
puerta (f) de embarque	bawwābet el moɣadra (f)	بوّابة المغادرة
tránsito (m)	tranzīt (m)	ترانزيت
esperar (aguardar)	estanna	إستنّى
zona (f) de preembarque	ṣālet el moɣadra (f)	صالة المغادرة
despedir (vt)	waddaʿ	ودّع
despedirse (vr)	waddaʿ	ودّع

Acontecimentos de la vida

109. Los días festivos. Los eventos

fiesta (f)	ʿīd (m)	عيد
fiesta (f) nacional	ʿīd waṭany (m)	عيد وطني
día (m) de fiesta	agāza rasmiya (f)	أجازة رسميّة
celebrar (vt)	eḥtafal be zekra	إحتفل بذكرى
evento (m)	ḥadass (m)	حدث
medida (f)	monasba (f)	مناسبة
banquete (m)	walīma (f)	وليمة
recepción (f)	ḥaflet esteʾbāl (f)	حفلة إستقبال
festín (m)	walīma (f)	وليمة
aniversario (m)	zekra sanawiya (f)	ذكرى سنوية
jubileo (m)	yobeyl (m)	يوبيل
Año (m) Nuevo	raʾs el sanna (m)	رأس السنة
¡Feliz Año Nuevo!	koll sana wenta ṭayeb!	!كلّ سنة وأنت طيّب
Papá Noel (m)	baba neweyl (m)	بابا نويل
Navidad (f)	ʿīd el melād (m)	عيد الميلاد
¡Feliz Navidad!	ʿīd melād saʿīd!	!عيد ميلاد سعيد
árbol (m) de Navidad	ʃagaret el kresmas (f)	شجرة الكريسمس
fuegos (m pl) artificiales	alʿāb nāriya (pl)	ألعاب ناريّة
boda (f)	faraḥ (m)	فرح
novio (m)	ʿarīs (m)	عريس
novia (f)	ʿarūsa (f)	عروسة
invitar (vt)	ʿazam	عزم
tarjeta (f) de invitación	beṭāʾet daʿwa (f)	بطاقة دعوة
invitado (m)	ḍeyf (m)	ضيف
visitar (vt) (a los amigos)	zār	زار
recibir a los invitados	estaʾbal ḍoyūf	إستقبل ضيوف
regalo (m)	hediya (f)	هديّة
regalar (vt)	edda	إدّى
recibir regalos	estalam hadāya	إستلم هدايا
ramo (m) de flores	bokeyh (f)	بوكيه
felicitación (f)	tahneʾa (f)	تهنئة
felicitar (vt)	hanna	هنّأ
tarjeta (f) de felicitación	beṭāʾet tahneʾa (f)	بطاقة تهنئة
enviar una tarjeta	baʿat beṭāʾet tahneʾa	بعت بطاقة تهنئة
recibir una tarjeta	estalam beṭāʾa tahneʾa	استلم بطاقة تهنئة
brindis (m)	naχab (m)	نخب

ofrecer (~ una copa)	ḍayaf	ضيّف
champaña (f)	ʃambania (f)	شمبانيا
divertirse (vr)	estamtaʿ	إستمتع
diversión (f)	bahga (f)	بهجة
alegría (f) (emoción)	saʿāda (f)	سعادة
baile (m)	raʾṣa (f)	رقصة
bailar (vi, vt)	raʾaṣ	رقص
vals (m)	valles (m)	فالس
tango (m)	tango (m)	تانجو

110. Los funerales. El entierro

cementerio (m)	maqbara (f)	مقبرة
tumba (f)	ʾabr (m)	قبر
cruz (f)	ṣalīb (m)	صليب
lápida (f)	ḥagar el maʾʾbara (m)	حجر المقبرة
verja (f)	sūr (m)	سور
capilla (f)	kenīsa saɣīra (f)	كنيسة صغيرة
muerte (f)	mote (m)	موت
morir (vi)	māt	مات
difunto (m)	el motawaffy (m)	المتوفّي
luto (m)	ḥedād (m)	حداد
enterrar (vt)	dafan	دفن
funeraria (f)	maktab motaʿahhed el dafn (m)	مكتب متعهّد الدفن
entierro (m)	ganāza (f)	جنازة
corona (f) funeraria	eklīl (m)	إكليل
ataúd (m)	tabūt (m)	تابوت
coche (m) fúnebre	naʿʃ (m)	نعش
mortaja (f)	kafan (m)	كفن
cortejo (m) fúnebre	ganāza (f)	جنازة
urna (f) funeraria	garra ganaʾeziya (f)	جرّة جنائزية
crematorio (m)	maḥraʾet gosas el mawta (f)	محرقة جثث الموتى
necrología (f)	segel el wafīāt (m)	سجل الوفيات
llorar (vi)	baka	بكى
sollozar (vi)	nawwaḥ	نوّح

111. La guerra. Los soldados

sección (f)	faṣīla (f)	فصيلة
compañía (f)	serriya (f)	سريّة
regimiento (m)	foge (m)	فوج
ejército (m)	geyʃ (m)	جيش
división (f)	ferʾa (f)	فرقة

destacamento (m)	weḥda (f)	وحدة
hueste (f)	geyʃ (m)	جيش
soldado (m)	gondy (m)	جنْدي
oficial (m)	ḍābeṭ (m)	ضابط
soldado (m) raso	gondy (m)	جنْدي
sargento (m)	raqīb tāny (m)	رقيب تاني
teniente (m)	molāzem tāny (m)	ملازم تاني
capitán (m)	naqīb (m)	نقيب
mayor (m)	rā'ed (m)	رائد
coronel (m)	ʿaqīd (m)	عقيد
general (m)	ʒenerāl (m)	جنرال
marino (m)	baḥḥār (m)	بحّار
capitán (m)	'obṭān (m)	قبطان
contramaestre (m)	rabbān (m)	ربّان
artillero (m)	gondy fe selāḥ el madfaʿiya (m)	جنْدي في سلاح المدفعيّة
paracaidista (m)	selāḥ el maẓallāt (m)	سلاح المظلّات
piloto (m)	ṭayār (m)	طيّار
navegador (m)	mallāḥ (m)	ملّاح
mecánico (m)	mikanīky (m)	ميكانيكي
zapador (m)	mohandes ʿaskary (m)	مهندس عسكري
paracaidista (m)	gondy el baraʃot (m)	جنْدي الباراشوت
explorador (m)	kaʃāfet el esteṭlāʿ (f)	كشافة الإستطلاع
francotirador (m)	qannāṣ (m)	قنّاص
patrulla (f)	dawriya (f)	دوْريّة
patrullar (vi, vt)	'ām be dawriya	قام بدوريّة
centinela (m)	ḥāres (m)	حارس
guerrero (m)	muḥāreb (m)	محارب
patriota (m)	waṭany (m)	وطني
héroe (m)	baṭal (m)	بطل
heroína (f)	baṭala (f)	بطلة
traidor (m)	xāyen (m)	خاين
traicionar (vt)	xān	خان
desertor (m)	hāreb men el gondiya (m)	هارب من الجنديّة
desertar (vi)	farr men el geyʃ	فرّ من الجيش
mercenario (m)	ma'gūr (m)	مأجور
recluta (m)	gondy gedīd (m)	جنْدي جديد
voluntario (m)	motaṭawweʿ (m)	متطوّع
muerto (m)	'atīl (m)	قتيل
herido (m)	garīḥ (m)	جريح
prisionero (m)	asīr ḥarb (m)	أسير حرب

112. La guerra. El ámbito militar. Unidad 1

guerra (f)	ḥarb (f)	حرب
estar en guerra	ḥārab	حارب

guerra (f) civil	ḥarb ahliya (f)	حرب أهليّة
pérfidamente (adv)	ɣadran	غدراً
declaración (f) de guerra	eʿlān ḥarb (m)	إعلان حرب
declarar (~ la guerra)	aʿlan	أعلن
agresión (f)	ʿedwān (m)	عدوان
atacar (~ a un país)	hagam	هجم
invadir (vt)	eḥtall	إحتلّ
invasor (m)	moḥtell (m)	محتلّ
conquistador (m)	fāteḥ (m)	فاتح
defensa (f)	defāʿ (m)	دفاع
defender (vt)	dāfaʿ	دافع
defenderse (vr)	dāfaʿ ʿan ...	دافع عن ...
enemigo (m)	ʿadeww (m)	عدوّ
adversario (m)	χeṣm (m)	خصم
enemigo (adj)	ʿadeww	عدوّ
estrategia (f)	estrateʒiya (f)	إستراتيجيّة
táctica (f)	taktīk (m)	تكتيك
orden (f)	amr (m)	أمر
comando (m)	amr (m)	أمر
ordenar (vt)	amar	أمر
misión (f)	mohemma (f)	مهمّة
secreto (adj)	serry	سرّي
batalla (f)	maʿraka (f)	معركة
combate (m)	ʾetāl (m)	قتال
ataque (m)	hogūm (m)	هجوم
asalto (m)	enqeḍāḍ (m)	إنقضاض
tomar por asalto	enqaḍḍ	إنقضّ
asedio (m), sitio (m)	ḥeṣār (m)	حصار
ofensiva (f)	hogūm (m)	هجوم
tomar la ofensiva	hagam	هجم
retirada (f)	enseḥāb (m)	إنسحاب
retirarse (vr)	ensaḥab	إنسحب
envolvimiento (m)	eḥāṭa (f)	إحاطة
cercar (vt)	aḥāṭ	أحاط
bombardeo (m)	ʾaṣf (m)	قصف
lanzar una bomba	asqaṭ qonbola	أسقط قنبلة
bombear (vt)	ʾaṣaf	قصف
explosión (f)	enfegār (m)	إنفجار
tiro (m), disparo (m)	ṭalʾa (f)	طلقة
disparar (vi)	aṭlaq el nār	أطلق النار
tiro (m) (de artillería)	eṭlāq nār (m)	إطلاق نار
apuntar a ...	ṣawwab ʿala ...	صوّب على ...
encarar (apuntar)	ṣawwab	صوّب

alcanzar (el objetivo)	aṣāb el hadaf	أصاب الهدف
hundir (vt)	aɣra'	أغرق
brecha (f) (~ en el casco)	soqb (m)	ثقب
hundirse (vr)	ɣere'	غرق
frente (m)	gabha (f)	جبهة
evacuación (f)	eχlā' (m)	إخلاء
evacuar (vt)	aχla	أخلى
trinchera (f)	χondoq (m)	خندق
alambre (m) de púas	aslāk ʃā'eka (pl)	أسلاك شائكة
barrera (f) (~ antitanque)	ḥāgez (m)	حاجز
torre (f) de vigilancia	borg mora'ba (m)	برج مراقبة
hospital (m)	mostaʃfa 'askary (m)	مستشفى عسكري
herir (vt)	garaḥ	جرح
herida (f)	garḥ (m)	جرح
herido (m)	garīḥ (m)	جريح
recibir una herida	oṣīb bel garḥ	أصيب بالجرح
grave (herida)	χaṭīr	خطير

113. La guerra. El ámbito militar. Unidad 2

cautiverio (m)	asr (m)	أسر
capturar (vt)	asar	أسر
estar en cautiverio	et'asar	أتأسر
caer prisionero	we'e' fel asr	وقع في الأسر
campo (m) de concentración	mo'askar e'teqāl (m)	معسكر إعتقال
prisionero (m)	asīr ḥarb (m)	أسير حرب
escapar (de cautiverio)	hereb	هرب
traicionar (vt)	χān	خان
traidor (m)	χāyen (m)	خاين
traición (f)	χeyāna (f)	خيانة
fusilar (vt)	a'dam ramyan bel roṣāṣ	أعدم رمياً بالرصاص
fusilamiento (m)	e'dām ramyan bel roṣāṣ (m)	إعدام رمياً بالرصاص
equipo (m) (uniforme, etc.)	el 'etād el 'askary (m)	العتاد العسكري
hombrera (f)	kattāfa (f)	كتافة
máscara (f) antigás	qenā' el ɣāz (m)	قناع الغاز
radio transmisor (m)	gehāz lāselky (m)	جهاز لاسلكي
cifra (f) (código)	ʃafra (f)	شفرة
conspiración (f)	serriya (f)	سرّية
contraseña (f)	kelmet el morūr (f)	كلمة مرور
mina (f) terrestre	loɣz arāḍy (m)	لغم أرضي
minar (poner minas)	lagɣam	لغّم
campo (m) minado	ḥaql alɣām (m)	حقل ألغام
alarma (f) aérea	enzār gawwy (m)	إنذار جوّي
alarma (f)	enzār (m)	إنذار

señal (f)	eʃara (f)	إشارة
cohete (m) de señales	eʃāra moḍī'a (f)	إشارة مضيئة
estado (m) mayor	maqarr (m)	مقرّ
reconocimiento (m)	kaʃāfet el esteṭlā' (f)	كشّافة الإستطلاع
situación (f)	ḥāla (f), waḍ' (m)	حالة, وضع
informe (m)	ta'rīr (m)	تقرير
emboscada (f)	kamīn (m)	كمين
refuerzo (m)	emdadāt 'askariya (pl)	إمدادات عسكريّة
blanco (m)	hadaf (m)	هدف
terreno (m) de prueba	arḍ exṭebār (m)	أرض إختبار
maniobras (f pl)	monawrāt 'askariya (pl)	مناورات عسكريّة
pánico (m)	zo'r (m)	ذعر
devastación (f)	damār (m)	دمار
destrucciones (f pl)	ḥeṭām (pl)	حطام
destruir (vt)	dammar	دمّر
sobrevivir (vi, vt)	negy	نجي
desarmar (vt)	garrad men el selāḥ	جرّد من السلاح
manejar (un arma)	esta'mel	إستعمل
¡Firmes!	entebāh!	إنتباه!
¡Descanso!	estareḥ!	إسترح!
hazaña (f)	ma'sara (f)	مأثرة
juramento (m)	qasam (m)	قسم
jurar (vt)	aqsam	أقسم
condecoración (f)	wesām (m)	وسام
condecorar (vt)	manaḥ	منح
medalla (f)	medalya (f)	ميدالية
orden (m) (~ de Merito)	wesām 'askary (m)	وسام عسكري
victoria (f)	enteṣār - foze (m)	إنتصار, فوز
derrota (f)	hazīma (f)	هزيمة
armisticio (m)	hodna (f)	هدنة
bandera (f)	rāyet el ma'raka (f)	راية المعركة
gloria (f)	magd (m)	مجد
desfile (m) militar	mawkeb (m)	موكب
marchar (desfilar)	sār	سار

114. Las armas

arma (f)	asleḥa (pl)	أسلحة
arma (f) de fuego	asleḥa nāriya (pl)	أسلحة ناريّة
arma (f) blanca	asleḥa bayḍā' (pl)	أسلحة بيضاء
arma (f) química	asleḥa kemawiya (pl)	أسلحة كيماويّة
nuclear (adj)	nawawy	نوويّ
arma (f) nuclear	asleḥa nawawiya (pl)	أسلحة نوويّة
bomba (f)	qonbela (f)	قنبلة

bomba (f) atómica	qonbela nawawiya (f)	قنبلة نوويّة
pistola (f)	mosaddas (m)	مسدّس
fusil (m)	bondoqiya (f)	بندقيّة
metralleta (f)	mosaddas rasʃāʃ (m)	مسدّس رشّاش
ametralladora (f)	rasʃāʃ (m)	رشّاش
boca (f)	fawha (f)	فوهة
cañón (m) (del arma)	anbūba (f)	أنبوبة
calibre (m)	ʿeyār (m)	عيار
gatillo (m)	zanād (m)	زناد
alza (f)	moṣawweb (m)	مصوّب
cargador (m)	maχzan (m)	مخزن
culata (f)	ʿaqab el bondoʾiya (m)	عقب البندقيّة
granada (f) de mano	qonbela yadawiya (f)	قنبلة يدويّة
explosivo (m)	mawād motafaggera (pl)	مواد متفجّرة
bala (f)	roṣāṣa (f)	رصاصة
cartucho (m)	χarṭūʃa (f)	خرطوشة
carga (f)	ḥaʃwa (f)	حشوة
pertrechos (m pl)	zaχīra (f)	ذخيرة
bombardero (m)	qazefet qanābel (f)	قاذفة قنابل
avión (m) de caza	ṭayāra muqātela (f)	طيّارة مقاتلة
helicóptero (m)	heliokobter (m)	هليكوبتر
antiaéreo (m)	madfaʿ moḍād lel ṭaʾerāṭ (m)	مدفع مضاد للطائرات
tanque (m)	dabbāba (f)	دبّابة
cañón (m) (de un tanque)	madfaʿ el dabbāba (m)	مدفع الدبّابة
artillería (f)	madfaʿiya (f)	مدفعيّة
cañón (m) (arma)	madfaʿ (m)	مدفع
dirigir (un misil, etc.)	ṣawwab	صوّب
mortero (m)	hawn (m)	هاون
bomba (f) de mortero	qonbela hawn (f)	قنبلة هاون
obús (m)	qazīfa (f)	قذيفة
trozo (m) de obús	ʃazya (f)	شظية
submarino (m)	ɣawwāṣa (f)	غوّاصة
torpedo (m)	ṭorbīd (m)	طوربيد
misil (m)	ṣarūχ (m)	صاروخ
cargar (pistola)	ʿammar	عمّر
tirar (vi)	ḍarab bel nār	ضرب بالنار
apuntar a ...	ṣawwab ʿala ...	... صوّب على
bayoneta (f)	ḥerba (f)	حربة
espada (f) (duelo a ~)	seyf zu ḥaddeyn (m)	سيف ذو حدّين
sable (m)	seyf monḥany (m)	سيف منحني
lanza (f)	remḥ (m)	رمح
arco (m)	qose (m)	قوس
flecha (f)	sahm (m)	سهم
mosquete (m)	musket (m)	مسكيت
ballesta (f)	qose mostaʿraḍ (m)	قوس مستعرض

115. Los pueblos antiguos

primitivo (adj)	bedā'y	بدائي
prehistórico (adj)	ma qabl el tarīχ	ما قبل التاريخ
antiguo (adj)	'adīm	قديم
Edad (f) de Piedra	el 'aṣr el ḥagary (m)	العصر الحجري
Edad (f) de Bronce	el 'aṣr el bronzy (m)	العصر البرونزي
Edad (f) de Hielo	el 'aṣr el galīdy (m)	العصر الجليدي
tribu (f)	qabīla (f)	قبيلة
caníbal (m)	'ākel loḥūm el baʃar (m)	آكل لحوم البشر
cazador (m)	ṣayād (m)	صيّاد
cazar (vi, vt)	eṣṭād	إصطاد
mamut (m)	mamūθ (m)	ماموث
caverna (f)	kahf (m)	كهف
fuego (m)	nār (f)	نار
hoguera (f)	nār moχayem (m)	نار مخيّم
pintura (f) rupestre	rasm fel kahf (m)	رسم في الكهف
herramienta (f), útil (m)	adah (f)	أداة
lanza (f)	remḥ (m)	رمح
hacha (f) de piedra	fa's ḥagary (m)	فأس حجري
estar en guerra	ḥārab	حارب
domesticar (vt)	esta'nas	استئنس
ídolo (m)	ṣanam (m)	صنم
adorar (vt)	'abad	عبد
superstición (f)	χorāfa (f)	خرافة
rito (m)	mansak (m)	منسك
evolución (f)	taṭṭawwor (m)	تطوّر
desarrollo (m)	nomoww (m)	نموّ
desaparición (f)	enqerāḍ (m)	إنقراض
adaptarse (vr)	takayaf (ma')	(تكيّف (مع
arqueología (f)	'elm el 'āsār (m)	علم الآثار
arqueólogo (m)	'ālem āsār (m)	عالم آثار
arqueológico (adj)	asary	أثري
sitio (m) de excavación	mawqe' ḥafr (m)	موّقع حفر
excavaciones (f pl)	tanqīb (m)	تنقيب
hallazgo (m)	ekteʃāf (m)	إكتشاف
fragmento (m)	'eṭ'a (f)	قطعة

116. La Edad Media

pueblo (m)	ʃa'b (m)	شعب
pueblos (m pl)	ʃo'ūb (pl)	شعوب
tribu (f)	qabīla (f)	قبيلة
tribus (f pl)	qabā'el (pl)	قبائل
bárbaros (m pl)	el barabra (pl)	البرابرة

galos (m pl)	el ɣaliyūn (pl)	الغاليّون
godos (m pl)	el qūṭiyūn (pl)	القوطيون
eslavos (m pl)	el selāf (pl)	السلاف
vikingos (m pl)	el viking (pl)	الفايكينج
romanos (m pl)	el romān (pl)	الرومان
romano (adj)	romāny	روماني
bizantinos (m pl)	bizanṭiyūn (pl)	بيزنطيون
Bizancio (m)	bīzanṭa (f)	بيزنطة
bizantino (adj)	bīzanṭy	بيزنطي
emperador (m)	embraṭore (m)	إمبراطور
jefe (m)	zaʿīm (m)	زعيم
poderoso (adj)	gabbār	جبّار
rey (m)	malek (m)	ملك
gobernador (m)	ḥākem (m)	حاكم
caballero (m)	fāres (m)	فارس
señor (m) feudal	eqṭāʿy (m)	إقطاعي
feudal (adj)	eqṭāʿy	إقطاعي
vasallo (m)	ḥākem tābeʿ (m)	حاكم تابع
duque (m)	dūʾ (m)	دوق
conde (m)	earl (m)	ايرل
barón (m)	barūn (m)	بارون
obispo (m)	asqof (m)	أسقف
armadura (f)	derʿ (m)	درع
escudo (m)	derʿ (m)	درع
espada (f) (danza de ~s)	seyf (m)	سيف
visera (f)	ḥaffa amamiya lel χoza (f)	حافة أماميّة للخوذة
cota (f) de malla	derʿ el zard (m)	درع الزرد
cruzada (f)	ḥamla ṣalībiya (f)	حملة صليبيّة
cruzado (m)	ṣalīby (m)	صليبي
territorio (m)	arḍ (f)	أرض
atacar (~ a un país)	hagam	هجم
conquistar (vt)	fataḥ	فتح
ocupar (invadir)	eḥtall	إحتلّ
asedio (m), sitio (m)	ḥeṣār (m)	حصار
sitiado (adj)	moḥāṣar	محاصر
asediar, sitiar (vt)	ḥāṣar	حاصر
inquisición (f)	maḥākem el taftīʃ (pl)	محاكم التفتيش
inquisidor (m)	mofatteʃ (m)	مفتّش
tortura (f)	taʿzīb (m)	تعذيب
cruel (adj)	waḥʃy	وحشي
hereje (m)	moharṭeq (m)	مهرطق
herejía (f)	harṭaʾa (f)	هرطقة
navegación (f) marítima	el safar bel baḥr (m)	السفر بالبحر
pirata (m)	ʾorṣān (m)	قرصان
piratería (f)	ʾarṣana (f)	قرصنة

abordaje (m)	mohagmet safīna (f)	مهاجمة سفينة
botín (m)	ɣanīma (f)	غنيمة
tesoros (m pl)	konūz (pl)	كنوز
descubrimiento (m)	ekteʃāf (m)	إكتشاف
descubrir (tierras nuevas)	ektaʃaf	إكتشف
expedición (f)	beʿsa (f)	بعثة
mosquetero (m)	fāres (m)	فارس
cardenal (m)	kardinal (m)	كاردينال
heráldica (f)	ʃeʿārāt el nabāla (pl)	شعارات النبالة
heráldico (adj)	χāṣṣ be ʃeʿarāt el nebāla	خاصّ بشعارات النبالة

117. El líder. El jefe. Las autoridades

rey (m)	malek (m)	ملك
reina (f)	maleka (f)	ملكة
real (adj)	malaky	ملكي
reino (m)	mamlaka (f)	مملكة
príncipe (m)	amīr (m)	أمير
princesa (f)	amīra (f)	أميرة
presidente (m)	raʾīs (m)	رئيس
vicepresidente (m)	nāʾeb el raʾīs (m)	نائب الرئيس
senador (m)	ʿoḍw magles el ʃoyūχ (m)	عضو مجلس الشيوخ
monarca (m)	ʿāhel (m)	عاهل
gobernador (m)	ḥākem (m)	حاكم
dictador (m)	dektatore (m)	ديكتاتور
tirano (m)	ṭāɣeya (f)	طاغية
magnate (m)	raʾsmāly kebīr (m)	رأسمالي كبير
director (m)	modīr (m)	مدير
jefe (m)	raʾīs (m)	رئيس
gerente (m)	modīr (m)	مدير
amo (m)	raʾīs (m)	رئيس
dueño (m)	ṣāḥeb (m)	صاحب
jefe (m), líder (m)	zaʿīm (m)	زعيم
jefe (m) (~ de delegación)	raʾīs (m)	رئيس
autoridades (f pl)	solṭāt (pl)	سلطات
superiores (m pl)	roʾasāʾ (pl)	رؤساء
gobernador (m)	muḥāfeẓ (m)	محافظ
cónsul (m)	qonṣol (m)	قنصل
diplomático (m)	deblomāsy (m)	دبلوماسي
alcalde (m)	raʾīs el baladiya (m)	رئيس البلديّة
sheriff (m)	ʃerīf (m)	شريف
emperador (m)	embraṭore (m)	إمبراطور
zar (m)	qayṣar (m)	قيصر
faraón (m)	ferʿone (m)	فرعون
jan (m), kan (m)	χān (m)	خان

118. Violar la ley. Los criminales. Unidad 1

bandido (m)	qāṭeʿ ṭarīʾ (m)	قاطع طريق
crimen (m)	garīma (f)	جريمة
criminal (m)	mogrem (m)	مجرم
ladrón (m)	sāreʾ (m)	سارق
robar (vt)	saraʾ	سرق
robo (m)	serʾa (f)	سرقة
secuestrar (vt)	χaṭaf	خطف
secuestro (m)	χaṭf (m)	خطف
secuestrador (m)	χāṭef (m)	خاطف
rescate (m)	fedya (f)	فدية
exigir un rescate	ṭalab fedya	طلب فدية
robar (vt)	nahab	نهب
robo (m)	nahb (m)	نهب
atracador (m)	nahhāb (m)	نهّاب
extorsionar (vt)	balṭag	بلطج
extorsionista (m)	balṭagy (m)	بلطجي
extorsión (f)	balṭaga (f)	بلطجة
matar, asesinar (vt)	ʾatal	قتل
asesinato (m)	ʾatl (m)	قتل
asesino (m)	qātel (m)	قاتل
tiro (m), disparo (m)	ṭalʾet nār (f)	طلقة نار
disparar (vi)	aṭlaq el nār	أطلق النار
matar (a tiros)	ʾatal bel roṣāṣ	قتل بالرصاص
tirar (vi)	ḍarab bel nār	ضرب بالنار
tiroteo (m)	ḍarb nār (m)	ضرب نار
incidente (m)	ḥādes (m)	حادث
pelea (f)	χenāʾa (f)	خناقة
¡Socorro!	sāʿidni	ساعدني!
víctima (f)	ḍaḥiya (f)	ضحيّة
perjudicar (vt)	χarrab	خرّب
daño (m)	χesāra (f)	خسارة
cadáver (m)	gossa (f)	جثّة
grave (un delito ~)	χaṭīra	خطيرة
atacar (vt)	hagam	هجم
pegar (golpear)	ḍarab	ضرب
apporear (vt)	ḍarab	ضرب
quitar (robar)	salab	سلب
acuchillar (vt)	ṭaʿan ḥatta el mote	طعن حتّى الموت
mutilar (vt)	ʃawwah	شوّه
herir (vt)	garaḥ	جرح
chantaje (m)	ebtezāz (m)	إبتزاز
hacer chantaje	ebtazz	إبتزّ

chantajista (m)	mobtazz (m)	مبتزّ
extorsión (f)	balṭaga (f)	بلطجة
extorsionador (m)	mobtazz (m)	مبتزّ
gángster (m)	ragol ʿeṣāba (m)	رجل عصابة
mafia (f)	mafia (f)	مافيا
carterista (m)	nasʃāl (m)	نشّال
ladrón (m) de viviendas	leṣṣ beyūt (m)	لص بيوت
contrabandismo (m)	tahrīb (m)	تهريب
contrabandista (m)	moharreb (m)	مهرّب
falsificación (f)	tazwīr (m)	تزوير
falsificar (vt)	zawwar	زوّر
falso (falsificado)	mozawwara	مزوّرة

119. Violar la ley. Los criminales. Unidad 2

violación (f)	eɣteṣāb (m)	إغتصاب
violar (vt)	eɣtaṣab	إغتصب
violador (m)	moɣtaṣeb (m)	مغتصب
maniaco (m)	mahwūs (m)	مهووس
prostituta (f)	mommos (f)	مومّس
prostitución (f)	daʿāra (f)	دعارة
chulo (m), proxeneta (m)	qawwād (m)	قوّاد
drogadicto (m)	modmen moχaddarāt (m)	مدمن مخدّرات
narcotraficante (m)	tāger moχaddarāt (m)	تاجر مخدّرات
hacer explotar	faggar	فجّر
explosión (f)	enfegār (m)	إنفجار
incendiar (vt)	aʃʿal el nār	أشعل النار
incendiario (m)	moʃʿel ḥarīq ʿan ʿamd (m)	مشعل حريق عن عمد
terrorismo (m)	erhāb (m)	إرهاب
terrorista (m)	erhāby (m)	إرهابي
rehén (m)	rahīna (m)	رهينة
estafar (vt)	eḥtāl	إحتال
estafa (f)	eḥteyāl (m)	إحتيال
estafador (m)	moḥtāl (m)	محتال
sobornar (vt)	raʃa	رشا
soborno (m) (delito)	erteʃāʾ (m)	إرتشاء
soborno (m) (dinero, etc.)	raʃwa (f)	رشوة
veneno (m)	semm (m)	سمّ
envenenar (vt)	sammem	سمّم
envenenarse (vr)	sammem nafsoh	سمّم نفسه
suicidio (m)	enteḥār (m)	إنتحار
suicida (m, f)	montaḥer (m)	منتحر
amenazar (vt)	hadded	هدّد
amenaza (f)	tahdīd (m)	تهديد

atentar (vi)	ḥāwel eɣteyāl	حاول إغتيال
atentado (m)	moḥawlet eɣteyāl (f)	محاولة إغتيال
robar (un coche)	sara'	سرق
secuestrar (un avión)	eχtaṭaf	إختطف
venganza (f)	enteqām (m)	إنتقام
vengar (vt)	entaqam	إنتقم
torturar (vt)	'azzeb	عذّب
tortura (f)	ta'zīb (m)	تعذيب
atormentar (vt)	'azzeb	عذّب
pirata (m)	'orṣān (m)	قرصان
gamberro (m)	wabaʃ (m)	وبش
armado (adj)	mosallaḥ	مسلّح
violencia (f)	'onf (m)	عنف
ilegal (adj)	meʃ qanūniy	مش قانونيّ
espionaje (m)	tagassas (m)	تجسّس
espiar (vi, vt)	tagassas	تجسّس

120. La policía. La ley. Unidad 1

justicia (f)	qaḍā' (m)	قضاء
tribunal (m)	maḥkama (f)	محكمة
juez (m)	qāḍy (m)	قاضي
jurados (m pl)	moḥallafīn (pl)	محلّفين
tribunal (m) de jurados	qaḍā' el muḥallafīn (m)	قضاء المحلّفين
juzgar (vt)	ḥakam	حكم
abogado (m)	muḥāmy (m)	محامي
acusado (m)	modda'y 'aleyh (m)	مدّعي عليه
banquillo (m) de los acusados	'afaṣ el ettehām (m)	قفص الإتّهام
inculpación (f)	ettehām (m)	إتّهام
inculpado (m)	mottaham (m)	متّهم
sentencia (f)	ḥokm (m)	حكم
sentenciar (vt)	ḥakam	حكم
culpable (m)	gāny (m)	جاني
castigar (vt)	'āqab	عاقب
castigo (m)	'eqāb (m)	عقاب
multa (f)	ɣarāma (f)	غرامة
cadena (f) perpetua	segn mada el ḥayah (m)	سجن مدى الحياة
pena (f) de muerte	'oqūbet 'e'dām (f)	عقوبة إعدام
silla (f) eléctrica	el korsy el kaharabā'y (m)	الكرسي الكهربائي
horca (f)	maʃna'a (f)	مشنقة
ejecutar (vt)	a'dam	أعدم
ejecución (f)	e'dām (m)	إعدام

prisión (f)	segn (m)	سجن
celda (f)	zenzāna (f)	زنزانة
escolta (f)	ḥerāsa (f)	حراسة
guardia (m) de prisiones	ḥāres segn (m)	حارس سجن
prisionero (m)	sagīn (m)	سجين
esposas (f pl)	kalabʃāt (pl)	كلابشات
esposar (vt)	kalbeʃ	كلبش
escape (m)	horūb men el segn (m)	هروب من السجن
escaparse (vr)	hereb	هرب
desaparecer (vi)	eχtafa	إختفى
liberar (vt)	aχla sabīl	أخلى سبيل
amnistía (f)	ʿafw ʿām (m)	عفو عام
policía (f) (~ nacional)	ʃorṭa (f)	شرطة
policía (m)	ʃorṭy (m)	شرطي
comisaría (f) de policía	qesm ʃorṭa (m)	قسم شرطة
porra (f)	ʿaṣāya maṭṭāṭiya (f)	عصاية مطّاطية
megáfono (m)	būʾ (m)	بوق
coche (m) patrulla	ʿarabiyet dawrīāt (f)	عربيّة دوريات
sirena (f)	sarīna (f)	سرينة
poner la sirena	wallaʿ el sarīna	ولّع السرينة
sonido (m) de sirena	ṣote sarīna (m)	صوت سرينة
escena (f) del delito	masraḥ el garīma (m)	مسرح الجريمة
testigo (m)	ʃāhed (m)	شاهد
libertad (f)	ḥorriya (f)	حرّيّة
cómplice (m)	ʃerīk fel garīma (m)	شريك في الجريمة
escapar de ...	hereb	هرب
rastro (m)	asar (m)	أثر

121. La policía. La ley. Unidad 2

búsqueda (f)	baḥs (m)	بحث
buscar (~ el criminal)	dawwar ʿala	دوّر على
sospecha (f)	ʃobha (f)	شبهة
sospechoso (adj)	maʃbūh	مشبوه
parar (~ en la calle)	awqaf	أوقّف
retener (vt)	eʿtaqal	إعتقل
causa (f) (~ penal)	ʾaḍiya (f)	قضيّة
investigación (f)	taḥʾīʾ (m)	تحقيق
detective (m)	moḥaqqeq (m)	محقّق
investigador (m)	mofatteʃ (m)	مفتّش
versión (f)	rewāya (f)	رواية
motivo (m)	dāfeʿ (m)	دافع
interrogatorio (m)	estegwāb (m)	إستجواب
interrogar (vt)	estagweb	إستجوّب
interrogar (al testigo)	estanṭaʾ	إستنطق
control (m) (de vehículos, etc.)	faḥṣ (m)	فحص

redada (f)	gamʿ (m)	جمع
registro (m) (~ de la casa)	taftīʃ (m)	تفتيش
persecución (f)	moṭarda (f)	مطاردة
perseguir (vt)	ṭārad	طارد
rastrear (~ al criminal)	tatabbaʿ	تتبّع
arresto (m)	eʿteqāl (m)	إعتقال
arrestar (vt)	eʿtaqal	اعتقل
capturar (vt)	ʾabaḍ ʿala	قبض على
captura (f)	ʾabḍ (m)	قبض
documento (m)	wasīqa (f)	وثيقة
prueba (f)	dalīl (m)	دليل
probar (vt)	asbat	أثبت
huella (f) (pisada)	baṣma (f)	بصمة
huellas (f pl) digitales	baṣamāt el aṣābeʿ (pl)	بصمات الأصابع
elemento (m) de prueba	ʾeṭʿa men el adella (f)	قطعة من الأدلّة
coartada (f)	ḥegget ɣeyāb (f)	حجّة غياب
inocente (no culpable)	barīʾ	بريء
injusticia (f)	ẓolm (m)	ظلم
injusto (adj)	meʃ ʿādel	مش عادل
criminal (adj)	mogrem	مجرم
confiscar (vt)	ṣādar	صادر
narcótico (m)	moχaddarāt (pl)	مخدّرات
arma (f)	selāḥ (m)	سلاح
desarmar (vt)	garrad men el selāḥ	جرّد من السلاح
ordenar (vt)	amar	أمر
desaparecer (vi)	eχtafa	إختفى
ley (f)	qanūn (m)	قانون
legal (adj)	qanūny	قانوني
ilegal (adj)	meʃ qanūny	مش قانوني
responsabilidad (f)	masʾoliya (f)	مسؤوليّة
responsable (adj)	masʾūl (m)	مسؤول

LA NATURALEZA

La tierra. Unidad 1

122. El espacio

cosmos (m)	faḍā' (m)	فضاء
espacial, cósmico (adj)	faḍā'y	فضائي
espacio (m) cósmico	el faḍā' el χāregy (m)	الفضاء الخارجي
mundo (m)	ʿālam (m)	عالم
universo (m)	el kōn (m)	الكون
galaxia (f)	el magarra (f)	المجرّة
estrella (f)	negm (m)	نجم
constelación (f)	borg (m)	برج
planeta (m)	kawwkab (m)	كوكب
satélite (m)	'amar ṣenāʿy (m)	قمر صناعي
meteorito (m)	nayzek (m)	نيزك
cometa (m)	mozannab (m)	مذنّب
asteroide (m)	kowaykeb (m)	كويكب
órbita (f)	madār (m)	مدار
girar (vi)	dār	دار
atmósfera (f)	el ɣelāf el gawwy (m)	الغلاف الجوّي
Sol (m)	el ʃams (f)	الشمس
sistema (m) solar	el magmūʿa el ʃamsiya (f)	المجموعة الشمسيّة
eclipse (m) de Sol	kosūf el ʃams (m)	كسوف الشمس
Tierra (f)	el arḍ (f)	الأرض
Luna (f)	el 'amar (m)	القمر
Marte (m)	el marrīχ (m)	المرّيخ
Venus (f)	el zahra (f)	الزهرة
Júpiter (m)	el moʃtary (m)	المشتري
Saturno (m)	zoḥḥol (m)	زحل
Mercurio (m)	ʿaṭāred (m)	عطارد
Urano (m)	uranus (m)	اورانوس
Neptuno (m)	nibtūn (m)	نبتون
Plutón (m)	bluto (m)	بلوتو
la Vía Láctea	darb el tebbāna (m)	درب التبّانة
la Osa Mayor	el dobb el akbar (m)	الدب الأكبر
la Estrella Polar	negm el 'oṭb (m)	نجم القطب
marciano (m)	sāken el marrīχ (m)	ساكن المرّيخ
extraterrestre (m)	faḍā'y (m)	فضائي

planetícola (m)	kā'en faḍā'y (m)	كائن فضائي
platillo (m) volante	ṭaba' ṭā'er (m)	طبق طائر
nave (f) espacial	markaba faḍa'iya (f)	مركبة فضائية
estación (f) orbital	maḥaṭṭet faḍā' (f)	محطّة فضاء
despegue (m)	enṭelāq (m)	إنطلاق
motor (m)	motore (m)	موتور
tobera (f)	manfaθ (m)	منفث
combustible (m)	woqūd (m)	وقود
carlinga (f)	kabīna (f)	كابينة
antena (f)	hawā'y (m)	هوائي
ventana (f)	kowwa mostadīra (f)	كوّة مستديرة
batería (f) solar	lawḥa ʃamsiya (f)	لوحة شمسيّة
escafandra (f)	badlet el faḍā' (f)	بدلة الفضاء
ingravidez (f)	en'edām wazn (m)	إنعدام الوزن
oxígeno (m)	oksiʒīn (m)	أوكسجين
atraque (m)	rasw (m)	رسو
realizar el atraque	rasa	رسى
observatorio (m)	marṣad (m)	مرصد
telescopio (m)	teleskop (m)	تلسكوب
observar (vt)	rāqab	راقب
explorar (~ el universo)	estakʃef	إستكشف

123. La tierra

Tierra (f)	el arḍ (f)	الأرض
globo (m) terrestre	el kora el arḍiya (f)	الكرة الأرضيّة
planeta (m)	kawwkab (m)	كوكب
atmósfera (f)	el ɣelāf el gawwy (m)	الغلاف الجوّي
geografía (f)	goɣrafia (f)	جغرافيا
naturaleza (f)	ṭabee'a (f)	طبيعة
globo (m) terráqueo	namūzag lel kora el arḍiya (m)	نموذج للكرة الأرضيّة
mapa (m)	χarīṭa (f)	خريطة
atlas (m)	aṭlas (m)	أطلس
Europa (f)	orobba (f)	أوروبّا
Asia (f)	asya (f)	آسيا
África (f)	afreqia (f)	أفريقيا
Australia (f)	ostorālya (f)	أستراليا
América (f)	amrīka (f)	أمريكا
América (f) del Norte	amrīka el ʃamaliya (f)	أمريكا الشماليّة
América (f) del Sur	amrīka el ganūbiya (f)	أمريكا الجنوبيّة
Antártida (f)	el qoṭb el ganūby (m)	القطب الجنوبي
Ártico (m)	el qoṭb el ʃamāly (m)	القطب الشمالي

124. Los puntos cardinales

norte (m)	ʃemāl (m)	شمال
al norte	lel ʃamāl	للشمال
en el norte	fel ʃamāl	في الشمال
del norte (adj)	ʃamāly	شمالي
sur (m)	ganūb (m)	جنوب
al sur	lel ganūb	للجنوب
en el sur	fel ganūb	في الجنوب
del sur (adj)	ganūby	جنوبي
oeste (m)	ɣarb (m)	غرب
al oeste	lel ɣarb	للغرب
en el oeste	fel ɣarb	في الغرب
del oeste (adj)	ɣarby	غربي
este (m)	ʃarʾ (m)	شرق
al este	lel ʃarʾ	للشرق
en el este	fel ʃarʾ	في الشرق
del este (adj)	ʃarʾy	شرقي

125. El mar. El océano

mar (m)	baḥr (m)	بحر
océano (m)	moḥīṭ (m)	محيط
golfo (m)	χalīg (m)	خليج
estrecho (m)	maḍīq (m)	مضيق
tierra (f) firme	barr (m)	برّ
continente (m)	qārra (f)	قارّة
isla (f)	gezīra (f)	جزيرة
península (f)	ʃebh gezeyra (f)	شبه جزيرة
archipiélago (m)	magmūʿet gozor (f)	مجموعة جزر
bahía (f)	χalīg (m)	خليج
ensenada, bahía (f)	mināʾ (m)	ميناء
laguna (f)	lagūn (m)	لاجون
cabo (m)	raʾs (m)	رأس
atolón (m)	gezīra morganiya estwaʾiya (f)	جزيرة مرجانيّة إستوائيّة
arrecife (m)	ʃoʿāb (pl)	شعاب
coral (m)	morgān (m)	مرجان
arrecife (m) de coral	ʃoʿāb morganiya (pl)	شعاب مرجانية
profundo (adj)	ʿamīq	عميق
profundidad (f)	ʿomq (m)	عمق
abismo (m)	el ʿomq el saḥīq (m)	العمق السحيق
fosa (f) oceánica	χondoq (m)	خندق
corriente (f)	tayār (m)	تيّار
bañar (rodear)	ḥāṭ	حاط
orilla (f)	sāḥel (m)	ساحل

costa (f)	sāḥel (m)	ساحل
flujo (m)	tayār (m)	تيّار
reflujo (m)	gozor (m)	جزر
banco (m) de arena	meyāh ḍaḥla (f)	مياه ضحلة
fondo (m)	qāʿ (m)	قاع
ola (f)	mouga (f)	موجة
cresta (f) de la ola	qemma (f)	قمّة
espuma (f)	zabad el baḥr (m)	زبد البحر
tempestad (f)	ʿāṣefa (f)	عاصفة
huracán (m)	eʿṣār (m)	إعصار
tsunami (m)	tsunāmy (m)	تسونامي
bonanza (f)	hodūʾ (m)	هدوء
calmo, tranquilo	hady	هادئ
polo (m)	ʾoṭb (m)	قطب
polar (adj)	ʾoṭby	قطبي
latitud (f)	ʿarḍ (m)	عرض
longitud (f)	χaṭṭ ṭūl (m)	خطّ طول
paralelo (m)	motawāz (m)	متواز
ecuador (m)	χaṭṭ el estewāʾ (m)	خطّ الإستواء
cielo (m)	samāʾ (f)	سماء
horizonte (m)	ofoq (m)	أفق
aire (m)	hawāʾ (m)	هواء
faro (m)	manāra (f)	منارة
bucear (vi)	ɣāṣ	غاص
hundirse (vr)	ɣereʾ	غرق
tesoros (m pl)	konūz (pl)	كنوز

126. Los nombres de los mares y los océanos

océano (m) Atlántico	el moḥeyṭ el aṭlanṭy (m)	المحيط الأطلنطي
océano (m) Índico	el moḥeyṭ el hendy (m)	المحيط الهندي
océano (m) Pacífico	el moḥeyṭ el hādy (m)	المحيط الهادي
océano (m) Glacial Ártico	el moḥeyṭ el motagammed el ʃamāly (m)	المحيط المتجمّد الشمالي
mar (m) Negro	el baḥr el aswad (m)	البحر الأسود
mar (m) Rojo	el baḥr el aḥmar (m)	البحر الأحمر
mar (m) Amarillo	el baḥr el aṣfar (m)	البحر الأصفر
mar (m) Blanco	el baḥr el abyaḍ (m)	البحر الأبيض
mar (m) Caspio	baḥr qazwīn (m)	بحر قزوين
mar (m) Muerto	el baḥr el mayet (m)	البحر الميّت
mar (m) Mediterráneo	el baḥr el abyaḍ el motawasseṭ (m)	البحر الأبيض المتوسّط
mar (m) Egeo	baḥr eygah (m)	بحر إيجة
mar (m) Adriático	el baḥr el adreyatīky (m)	البحر الأدرياتيكي
mar (m) Arábigo	baḥr el ʿarab (m)	بحر العرب

mar (m) del Japón	baḥr el yabān (m)	بحر اليابان
mar (m) de Bering	baḥr bering (m)	بحر بيرينغ
mar (m) de la China Meridional	baḥr el ṣeyn el ganūby (m)	بحر الصين الجنوبي
mar (m) del Coral	baḥr el morgān (m)	بحر المرجان
mar (m) de Tasmania	baḥr tazman (m)	بحر تسمان
mar (m) Caribe	el baḥr el karīby (m)	البحر الكاريبي
mar (m) de Barents	baḥr barents (m)	بحر بارنتس
mar (m) de Kara	baḥr kara (m)	بحر كارا
mar (m) del Norte	baḥr el ʃamāl (m)	بحر الشمال
mar (m) Báltico	baḥr el balṭīq (m)	بحر البلطيق
mar (m) de Noruega	baḥr el nerwīg (m)	بحر النرويج

127. Las montañas

montaña (f)	gabal (m)	جبل
cadena (f) de montañas	selselet gebāl (f)	سلسلة جبال
cresta (f) de montañas	notū' el gabal (m)	نتوء الجبل
cima (f)	qemma (f)	قمّة
pico (m)	qemma (f)	قمّة
pie (m)	asfal (m)	أسفل
cuesta (f)	monḥadar (m)	منحدر
volcán (m)	borkān (m)	بركان
volcán (m) activo	borkān naʃeṭ (m)	بركان نشط
volcán (m) apagado	borkān χāmed (m)	بركان خامد
erupción (f)	sawarān (m)	ثوّران
cráter (m)	fawhet el borkān (f)	فوهة البركان
magma (m)	magma (f)	ماجما
lava (f)	ḥomam borkāniya (pl)	حمم بركانية
fundido (lava ~a)	monṣahera	منصهرة
cañón (m)	wādy ḍaye' (m)	وادي ضيّق
desfiladero (m)	mamarr ḍaye' (m)	ممرّ ضيّق
grieta (f)	ʃa'' (m)	شقّ
precipicio (m)	hāwya (f)	هاوية
puerto (m) (paso)	mamarr gabaly (m)	ممرّ جبلي
meseta (f)	haḍaba (f)	هضبة
roca (f)	garf (m)	جرف
colina (f)	tall (m)	تلّ
glaciar (m)	nahr galīdy (m)	نهر جليدي
cascada (f)	ʃallāl (m)	شلّال
geiser (m)	nab' maya ḥāra (m)	نبع ميّة حارة
lago (m)	boḥeyra (f)	بحيرة
llanura (f)	sahl (m)	سهل
paisaje (m)	manzar ṭabee'y (m)	منظر طبيعي

eco (m)	ṣada (m)	صدى
alpinista (m)	motasalleq el gebāl (m)	متسلّق الجبال
escalador (m)	motasalleq ṣoχūr (m)	متسلّق صخور
conquistar (vt)	taɣallab ʿala	تغلّب على
ascensión (f)	tasalloq (m)	تسلّق

128. Los nombres de las montañas

Alpes (m pl)	gebāl el alb (pl)	جبال الألب
Montblanc (m)	mōn blōn (m)	مون بلون
Pirineos (m pl)	gebāl el barānes (pl)	جبال البرانس
Cárpatos (m pl)	gebāl el karbāt (pl)	جبال الكاربات
Urales (m pl)	gebāl el urāl (pl)	جبال الأورال
Cáucaso (m)	gebāl el qoqāz (pl)	جبال القوقاز
Elbrus (m)	gabal elbrus (m)	جبل إلبروس
Altai (m)	gebāl altāy (pl)	جبال ألتاي
Tian-Shan (m)	gebāl tian ʃan (pl)	جبال تيان شان
Pamir (m)	gebāl bamir (pl)	جبال بامير
Himalayos (m pl)	himalāya (pl)	هيمالايا
Everest (m)	gabal everest (m)	جبل افرست
Andes (m pl)	gebāl el andīz (pl)	جبال الأنديز
Kilimanjaro (m)	gabal kilimanʒaro (m)	جبل كليمنجارو

129. Los ríos

río (m)	nahr (m)	نهر
manantial (m)	ʿeyn (m)	عين
lecho (m) (curso de agua)	magra el nahr (m)	مجرى النهر
cuenca (f) fluvial	ḥoḍe (m)	حوض
desembocar en ...	ṣabb fe ...	صبّ في...
afluente (m)	rāfed (m)	رافد
ribera (f)	ḍaffa (f)	ضفّة
corriente (f)	tayār (m)	تيّار
río abajo (adv)	maʿ ettigāh magra el nahr	مع إتّجاه مجرى النهر
río arriba (adv)	ḍed el tayār	ضد التيار
inundación (f)	ɣamr (m)	غمر
riada (f)	fayaḍān (m)	فيضان
desbordarse (vr)	fāḍ	فاض
inundar (vt)	ɣamar	غمر
bajo (m) arenoso	meyāh ḍaḥla (f)	مياه ضحلة
rápido (m)	monḥadar el nahr (m)	منحدر النهر
presa (f)	sadd (m)	سدّ
canal (m)	qanah (f)	قناة
lago (m) artificiale	χazzān mā'y (m)	خزّان مائي

esclusa (f)	bawwāba qanṭara (f)	بوّابة قنطرة
cuerpo (m) de agua	berka (f)	بركة
pantano (m)	mostanqa' (m)	مستنقع
ciénaga (f)	mostanqa' (m)	مستنقع
remolino (m)	dawwāma (f)	دوّامة
arroyo (m)	gadwal (m)	جدوّل
potable (adj)	el ʃorb	الشرب
dulce (agua ~)	'azb	عذب
hielo (m)	galīd (m)	جليد
helarse (el lago, etc.)	etgammed	إتجمّد

130. Los nombres de los ríos

Sena (m)	el seyn (m)	السين
Loira (m)	el lua:r (m)	اللوار
Támesis (m)	el teymz (m)	التيمز
Rin (m)	el rayn (m)	الراين
Danubio (m)	el danūb (m)	الدانوب
Volga (m)	el volga (m)	الفولغا
Don (m)	el done (m)	الدون
Lena (m)	lena (m)	لينا
Río (m) Amarillo	el nahr el aṣfar (m)	النهر الأصفر
Río (m) Azul	el yangesty (m)	اليانغستي
Mekong (m)	el mekong (m)	الميكونغ
Ganges (m)	el ɣang (m)	الغانج
Nilo (m)	el nīl (m)	النيل
Congo (m)	el kongo (m)	الكونغو
Okavango (m)	okavango (m)	أوكافانجو
Zambeze (m)	el zambizi (m)	الزمبيزي
Limpopo (m)	limbobo (m)	ليمبوبو
Misisipi (m)	el mississibbi (m)	الميسيسيبي

131. El bosque

bosque (m)	ɣāba (f)	غابة
de bosque (adj)	ɣāba	غابة
espesura (f)	ɣāba kasīfa (f)	غابة كثيفة
bosquecillo (m)	bostān (m)	بستان
claro (m)	ezālet el ɣābāt (f)	إزالة الغابات
maleza (f)	agama (f)	أجمة
matorral (m)	arāḍy el ʃogayrāt (pl)	أراضي الشجيرات
senda (f)	mamarr (m)	ممرّ
barranco (m)	wādy ḍaye' (m)	وادي ضيّق

árbol (m)	ʃagara (f)	شجرة
hoja (f)	wara'a (f)	ورقة
follaje (m)	wara' (m)	ورق
caída (f) de hojas	tasā'oṭ el awrā' (m)	تساقط الأوراق
caer (las hojas)	saqaṭ	سقط
cima (f)	ra's (m)	رأس
rama (f)	ɣoṣn (m)	غصن
rama (f) (gruesa)	ɣoṣn ra'īsy (m)	غصن رئيسي
brote (m)	bor'om (m)	برعم
aguja (f)	ʃawka (f)	شوكة
piña (f)	kūz el ṣnowbar (m)	كوز الصنوبر
agujero (m)	gofe (m)	جوف
nido (m)	'eʃ (m)	عشّ
tronco (m)	gez' (m)	جذع
raíz (f)	gezr (m)	جذر
corteza (f)	leḥā' (m)	لحاء
musgo (m)	ṭaḥlab (m)	طحلب
extirpar (vt)	eqtala'	إقتلع
talar (vt)	'aṭṭa'	قطّع
deforestar (vt)	azāl el ɣabāt	أزال الغابات
tocón (m)	gez' el ʃagara (m)	جذع الشجرة
hoguera (f)	nār moχayem (m)	نار مخيّم
incendio (m) forestal	ḥarī' ɣāba (m)	حريق غابة
apagar (~ el incendio)	ṭaffa	طفّى
guarda (m) forestal	ḥāres el ɣāba (m)	حارس الغابة
protección (f)	ḥemāya (f)	حماية
proteger (vt)	ḥama	حمى
cazador (m) furtivo	sāre' el ṣeyd (m)	سارق الصيد
cepo (m)	maṣyada (f)	مصيّدة
recoger (setas, bayas)	gamma'	جمّع
perderse (vr)	tāh	تاه

132. Los recursos naturales

recursos (m pl) naturales	sarawāt ṭabi'iya (pl)	ثروات طبيعيّة
recursos (m pl) subterráneos	ma'āden (pl)	معادن
depósitos (m pl)	rawāseb (pl)	رواسب
yacimiento (m)	ḥaql (m)	حقل
extraer (vt)	estaχrag	إستخرج
extracción (f)	esteχrāg (m)	إستخراج
mena (f)	χām (m)	خام
mina (f)	mangam (m)	منجم
pozo (m) de mina	mangam (m)	منجم
minero (m)	'āmel mangam (m)	عامل منجم
gas (m)	ɣāz (m)	غاز

gasoducto (m)	xatt anabīb ɣāz (m)	خطّ أنابيب غاز
petróleo (m)	naft (m)	نفط
oleoducto (m)	anabīb el naft (pl)	أنابيب النفط
pozo (m) de petróleo	bīr el naft (m)	بير النفط
torre (f) de sondeo	ḥaffāra (f)	حفّارة
petrolero (m)	nāqelet betrūl (f)	ناقلة بترول
arena (f)	raml (m)	رمل
caliza (f)	ḥagar el kals (m)	حجر الكلس
grava (f)	ḥaṣa (m)	حصى
turba (f)	xaθ faḥm nabāty (m)	خث فحم نباتي
arcilla (f)	ṭīn (m)	طين
carbón (m)	faḥm (m)	فحم
hierro (m)	ḥadīd (m)	حديد
oro (m)	dahab (m)	ذهب
plata (f)	faḍḍa (f)	فضّة
níquel (m)	nikel (m)	نيكل
cobre (m)	neḥās (m)	نحاس
zinc (m)	zink (m)	زنك
manganeso (m)	manganīz (m)	منجنيز
mercurio (m)	ze'baq (m)	زئبق
plomo (m)	roṣāṣ (m)	رصاص
mineral (m)	ma'dan (m)	معدن
cristal (m)	kristāl (m)	كريستال
mármol (m)	roxām (m)	رخام
uranio (m)	yuranuim (m)	يورانيوم

La tierra. Unidad 2

133. El tiempo

tiempo (m)	ṭa's (m)	طقس
previsión (f) del tiempo	naʃra gawiya (f)	نشرة جويّة
temperatura (f)	ḥarāra (f)	حرارة
termómetro (m)	termometr (m)	ترمومتر
barómetro (m)	barometr (m)	بارومتر
húmedo (adj)	roṭob	رطب
humedad (f)	roṭūba (f)	رطوبة
bochorno (m)	ḥarāra (f)	حرارة
tórrido (adj)	ḥarr	حارّ
hace mucho calor	el gaww ḥarr	الجّو حرّ
hace calor (templado)	el gaww dafa	الجوّ دفا
templado (adj)	dāfe'	دافئ
hace frío	el gaww bāred	الجوّ بارد
frío (adj)	bāred	بارد
sol (m)	ʃams (f)	شمس
brillar (vi)	nawwar	نوّر
soleado (un día ~)	moʃmes	مشمس
elevarse (el sol)	ʃara'	شرق
ponerse (vr)	ɣarab	غرب
nube (f)	saḥāba (f)	سحابة
nuboso (adj)	meɣayem	مغيّم
nubarrón (m)	saḥābet maṭar (f)	سحابة مطر
nublado (adj)	meɣayem	مغيّم
lluvia (f)	maṭar (m)	مطر
está lloviendo	el donia betmaṭṭar	الدنيا بتمطّر
lluvioso (adj)	momṭer	ممطر
lloviznar (vi)	maṭṭaret razāz	مطّرت رذاذ
aguacero (m)	maṭar monhamer (f)	مطر منهمر
chaparrón (m)	maṭar ɣazīr (m)	مطر غزير
fuerte (la lluvia ~)	ʃedīd	شديد
charco (m)	berka (f)	بركة
mojarse (vr)	ettbal	إتّبل
niebla (f)	ʃabbūra (f)	شبّورة
nebuloso (adj)	fih ʃabbūra	فيه شبّورة
nieve (f)	talg (m)	ثلج
está nevando	fih talg	فيه ثلج

134. Los eventos climáticos severos. Los desastres naturales

tormenta (f)	ʿāṣefa raʿdiya (f)	عاصفة رعدية
relámpago (m)	barʾ (m)	برق
relampaguear (vi)	baraq	برق
trueno (m)	raʿd (m)	رعد
tronar (vi)	dawa	دوّى
está tronando	el samāʾ dawat raʿd (f)	السماء دوّت رعد
granizo (m)	maṭar bard (m)	مطر برد
está granizando	maṭṭaret bard	مطّرت برد
inundar (vt)	ɣamar	غمر
inundación (f)	fayaḍān (m)	فيضان
terremoto (m)	zelzāl (m)	زلزال
sacudida (f)	hazza arḍiya (f)	هزّة أرضية
epicentro (m)	markaz el zelzāl (m)	مركز الزلزال
erupción (f)	sawarān (m)	ثوّران
lava (f)	ḥomam borkāniya (pl)	حمم بركانية
torbellino (m), tornado (m)	eʿṣār (m)	إعصار
tifón (m)	tyfūn (m)	طوفان
huracán (m)	eʿṣār (m)	إعصار
tempestad (f)	ʿāṣefa (f)	عاصفة
tsunami (m)	tsunāmy (m)	تسونامي
ciclón (m)	eʿṣār (m)	إعصار
mal tiempo (m)	ṭaʾs sayeʾ (m)	طقس سيئ
incendio (m)	ḥarīʾ (m)	حريق
catástrofe (f)	karsa (f)	كارثة
meteorito (m)	nayzek (m)	نيّزك
avalancha (f)	enheyār talgy (m)	إنهيار ثلجي
alud (m) de nieve	enheyār talgy (m)	إنهيار ثلجي
ventisca (f)	ʿāṣefa talgiya (f)	عاصفة ثلجيّة
nevasca (f)	ʿāṣefa talgiya (f)	عاصفة ثلجيّة

La fauna

135. Los mamíferos. Los predadores

carnívoro (m)	moftares (m)	مفترس
tigre (m)	nemr (m)	نمر
león (m)	asad (m)	أسد
lobo (m)	ze'b (m)	ذئب
zorro (m)	ta'lab (m)	ثعلب
jaguar (m)	nemr amrīky (m)	نمر أمريكي
leopardo (m)	fahd (m)	فهد
guepardo (m)	fahd ṣayād (m)	فهد صيّاد
pantera (f)	nemr aswad (m)	نمر أسوّد
puma (f)	asad el gebāl (m)	أسد الجبال
leopardo (m) de las nieves	nemr el tolūg (m)	نمر الثلوج
lince (m)	waʃaq (m)	وشق
coyote (m)	qayūṭ (m)	قيوط
chacal (m)	ebn 'āwy (m)	ابن آوى
hiena (f)	ḍeb' (m)	ضبع

136. Los animales salvajes

animal (m)	ḥayawān (m)	حيوان
bestia (f)	waḥʃ (m)	وحش
ardilla (f)	sengāb (m)	سنجاب
erizo (m)	qonfoz (m)	قنفذ
liebre (f)	arnab barry (m)	أرنب برّي
conejo (m)	arnab (m)	أرنب
tejón (m)	ɣarīr (m)	غرير
mapache (m)	rakūn (m)	راكون
hámster (m)	hamster (m)	هامستر
marmota (f)	marmoṭ (m)	مرموط
topo (m)	χold (m)	خلد
ratón (m)	fār (m)	فأر
rata (f)	gerz (m)	جرذ
murciélago (m)	χoffāʃ (m)	خفّاش
armiño (m)	qāqem (m)	قاقم
cebellina (f)	sammūr (m)	سمّور
marta (f)	fara'īāt (m)	فرائيات
comadreja (f)	ebn 'ers (m)	ابن عرس
visón (m)	mink (m)	منك

castor (m)	qondos (m)	قندس
nutria (f)	ta'lab maya (m)	ثعلب الميّة
caballo (m)	ḥoṣān (m)	حصان
alce (m)	eyl el mūz (m)	أيّل الموظ
ciervo (m)	ayl (m)	أيل
camello (m)	gamal (m)	جمل
bisonte (m)	bison (m)	بيسون
uro (m)	byson orobby (m)	بيسون أوروبي
búfalo (m)	gamūs (m)	جاموس
cebra (f)	ḥomār waḥʃy (m)	حمار وحشي
antílope (m)	ẓaby (m)	ظبي
corzo (m)	yaḥmūr orobby (m)	يحمورأوروبي
gamo (m)	eyl asmar orobby (m)	أيّل أسمر أوروبي
gamuza (f)	ʃamwah (f)	شامواه
jabalí (m)	xenzīr barry (m)	خنزير برّي
ballena (f)	ḥūt (m)	حوت
foca (f)	foqma (f)	فقمة
morsa (f)	el kab' (m)	الكبع
oso (m) marino	foqmet el farā' (f)	فقمة الفراء
delfín (m)	dolfīn (m)	دولفين
oso (m)	dobb (m)	دبّ
oso (m) blanco	dobb 'oṭṭby (m)	دبّ قطبي
panda (f)	banda (m)	باندا
mono (m)	'erd (m)	قرد
chimpancé (m)	ʃimbanzy (m)	شيمبانزي
orangután (m)	orangutan (m)	أورنغوتان
gorila (m)	ɣorella (f)	غوريلا
macaco (m)	'erd el makāk (m)	قرد المكاك
gibón (m)	gibbon (m)	جيبون
elefante (m)	fīl (m)	فيل
rinoceronte (m)	xartīt (m)	خرتيت
jirafa (f)	zarāfa (f)	زرافة
hipopótamo (m)	faras el nahr (m)	فرس النهر
canguro (m)	kangarū (m)	كانجّارو
koala (f)	el koala (m)	الكوالا
mangosta (f)	nems (m)	نمس
chinchilla (f)	ʃenʃīla (f)	شنشيلة
mofeta (f)	ẓerbān (m)	ظربان
espín (m)	nīṣ (m)	نيص

137. Los animales domésticos

gata (f)	'oṭṭa (f)	قطّة
gato (m)	'oṭṭ (m)	قطّ
perro (m)	kalb (m)	كلب

caballo (m)	ḥoṣān (m)	حصان
garañón (m)	χeyl faḥl (m)	خيل فحل
yegua (f)	faras (f)	فرس
vaca (f)	ba'ara (f)	بقرة
toro (m)	sore (m)	ثور
buey (m)	sore (m)	ثور
oveja (f)	χarūf (f)	خروف
carnero (m)	kebʃ (m)	كبش
cabra (f)	me'za (f)	معزة
cabrón (m)	mā'ez zakar (m)	ماعز ذكر
asno (m)	ḥomār (m)	حمار
mulo (m)	baɣl (m)	بغل
cerdo (m)	χenzīr (m)	خنزير
cerdito (m)	χannūṣ (m)	خنّوص
conejo (m)	arnab (m)	أرنب
gallina (f)	farχa (f)	فرخة
gallo (m)	dīk (m)	ديك
pato (m)	baṭṭa (f)	بطّة
ánade (m)	dakar el baṭṭ (m)	ذكر البط
ganso (m)	wezza (f)	وزّة
pavo (m)	dīk rūmy (m)	ديك رومي
pava (f)	dīk rūmy (m)	ديك رومي
animales (m pl) domésticos	ḥayawānāt dawāgen (pl)	حيوانات دواجن
domesticado (adj)	alīf	أليف
domesticar (vt)	rawweḍ	روّض
criar (vt)	rabba	ربّى
granja (f)	mazra'a (f)	مزرعة
aves (f pl) de corral	dawāgen (pl)	دواجن
ganado (m)	māʃeya (f)	ماشية
rebaño (m)	qaṭee' (m)	قطيع
caballeriza (f)	esṭabl χeyl (m)	إسطبل خيل
porqueriza (f)	ḥazīret χanazīr (f)	حظيرة الخنازير
vaquería (f)	zerībet el ba'ar (f)	زريبة البقر
conejal (m)	qan el arāneb (m)	قن الأرانب
gallinero (m)	qan el ferāχ (m)	قن الفراخ

138. Los pájaros

pájaro (m)	ṭā'er (m)	طائر
paloma (f)	ḥamāma (f)	حمامة
gorrión (m)	'aṣfūr dawri (m)	عصفور دوري
carbonero (m)	qarqaf (m)	قرقف
urraca (f)	'a''a' (m)	عقعق
cuervo (m)	ɣorāb aswad (m)	غراب أسود

corneja (f)	ɣorāb (m)	غراب
chova (f)	zāɣ zarʿy (m)	زاغ زرعي
grajo (m)	ɣorāb el qeyẓ (m)	غراب القيظ
pato (m)	baṭṭa (f)	بطّة
ganso (m)	wezza (f)	وزّة
faisán (m)	tadarrog (m)	تدرج
águila (f)	ʿeqāb (m)	عقاب
azor (m)	el bāz (m)	الباز
halcón (m)	ṣaʾr (m)	صقر
buitre (m)	nesr (m)	نسر
cóndor (m)	kondor (m)	كندور
cisne (m)	el temm (m)	التمّ
grulla (f)	karkiya (m)	كركية
cigüeña (f)	loqloq (m)	لقلق
loro (m), papagayo (m)	babaɣāʾ (m)	ببغاء
colibrí (m)	ṭannān (m)	طنّان
pavo (m) real	ṭawūs (m)	طاووس
avestruz (m)	naʿāma (f)	نعامة
garza (f)	belʃone (m)	بلشون
flamenco (m)	flamingo (m)	فلامينجو
pelícano (m)	bagʿa (f)	بجعة
ruiseñor (m)	ʿandalīb (m)	عندليب
golondrina (f)	el sonūnū (m)	السنونو
tordo (m)	somnet el ḥoqūl (m)	سمنة الحقول
zorzal (m)	somna moɣarreda (m)	سمنة مغرّدة
mirlo (m)	ʃaḥrūr aswad (m)	شحرور أسود
vencejo (m)	semmāma (m)	سمّامة
alondra (f)	qabra (f)	قبرة
codorniz (f)	semmān (m)	سمّان
pájaro carpintero (m)	naʾār el χaʃab (m)	نقار الخشب
cuco (m)	weqwāq (m)	وقواق
lechuza (f)	būma (f)	بومة
búho (m)	būm orāsy (m)	بوم أوراسي
urogallo (m)	dīk el χalang (m)	ديك الخلنج
gallo lira (m)	ṭyhūg aswad (m)	طيهوج أسود
perdiz (f)	el ḥagal (m)	الحجل
estornino (m)	zerzūr (m)	زرزور
canario (m)	kanāry (m)	كناري
ortega (f)	ṭyhūg el bondoʾ (m)	طيهوج البندق
pinzón (m)	ʃarʃūr (m)	شرشور
camachuelo (m)	deɣnāʃ (m)	دغناش
gaviota (f)	nawras (m)	نورس
albatros (m)	el qoṭros (m)	القطرس
pingüino (m)	beṭrīq (m)	بطريق

139. Los peces. Los animales marinos

brema (f)	abramīs (m)	أبراميس
carpa (f)	ʃabbūṭ (m)	شبّوط
perca (f)	farχ (m)	فرخ
siluro (m)	'armūṭ (m)	قرموط
lucio (m)	karāky (m)	كراكي
salmón (m)	salamon (m)	سلمون
esturión (m)	ḥafʃ (m)	حفش
arenque (m)	renga (f)	رنجة
salmón (m) del Atlántico	salamon aṭlasy (m)	سلمون أطلسي
caballa (f)	makerel (m)	ماكريل
lenguado (m)	samak mefalṭah (f)	سمك مفلطح
lucioperca (f)	samak sandar (m)	سمك سندر
bacalao (m)	el qadd (m)	القد
atún (m)	tuna (f)	تونة
trucha (f)	salamon mera''aṭ (m)	سلمون مرقّط
anguila (f)	ḥankalīs (m)	حنكليس
raya (f) eléctrica	ra'ād (m)	رعاد
morena (f)	moraya (f)	مورايية
piraña (f)	bīrana (f)	بيرانا
tiburón (m)	'erʃ (m)	قرش
delfín (m)	dolfīn (m)	دولفين
ballena (f)	ḥūt (m)	حوت
centolla (f)	kaboria (m)	كابوريا
medusa (f)	'andīl el baḥr (m)	قنديل البحر
pulpo (m)	aχṭabūṭ (m)	أخطبوط
estrella (f) de mar	negmet el baḥr (f)	نجمة البحر
erizo (m) de mar	qonfoz el baḥr (m)	قنفذ البحر
caballito (m) de mar	ḥoṣān el baḥr (m)	حصان البحر
ostra (f)	maḥār (m)	محار
camarón (m)	gammbary (m)	جمّبري
bogavante (m)	estakoza (f)	استكوزا
langosta (f)	estakoza (m)	استاكوزا

140. Los anfibios. Los reptiles

serpiente (f)	te'bān (m)	ثعبان
venenoso (adj)	sām	سام
víbora (f)	af'a (f)	أفعى
cobra (f)	kobra (m)	كوبرا
pitón (m)	te'bān byton (m)	ثعبان بايثون
boa (f)	bawā' el 'aṣera (f)	بواء العاصرة
culebra (f)	te'bān el 'oʃb (m)	ثعبان العشب

serpiente (m) de cascabel	af'a megalgela (f)	أفعى مجلجلة
anaconda (f)	anakonda (f)	أناكوندا
lagarto (m)	seḥliya (f)	سحليّة
iguana (f)	eɣwana (f)	إغوانة
varano (m)	warl (m)	ورل
salamandra (f)	salamander (m)	سلمندر
camaleón (m)	ḥerbāya (f)	حرباية
escorpión (m)	'a'rab (m)	عقرب
tortuga (f)	solḥefah (f)	سلحفاة
rana (f)	ḍeffḍa' (m)	ضفدع
sapo (m)	ḍeffḍa' el ṭeyn (m)	ضفدع الطين
cocodrilo (m)	temsāḥ (m)	تمساح

141. Los insectos

insecto (m)	ḥaʃara (f)	حشرة
mariposa (f)	farāʃa (f)	فراشة
hormiga (f)	namla (f)	نملة
mosca (f)	debbāna (f)	دبّانة
mosquito (m) (picadura de ~)	namūsa (f)	ناموسة
escarabajo (m)	xonfesa (f)	خنفسة
avispa (f)	dabbūr (m)	دبّور
abeja (f)	naḥla (f)	نحلة
abejorro (m)	naḥla ṭannāna (f)	نحلة طنّانة
moscardón (m)	na'ra (f)	نعرة
araña (f)	'ankabūt (m)	عنكبوت
telaraña (f)	nasīg 'ankabūt (m)	نسيج عنكبوت
libélula (f)	ya'sūb (m)	يعسوب
saltamontes (m)	garād (m)	جراد
mariposa (f) nocturna	'etta (f)	عتّة
cucaracha (f)	ṣarṣūr (m)	صرصور
garrapata (f)	qarāda (f)	قرادة
pulga (f)	barɣūt (m)	برغوث
mosca (f) negra	ba'ūḍa (f)	بعوضة
langosta (f)	garād (m)	جراد
caracol (m)	ḥalazōn (m)	حلزون
grillo (m)	ṣarṣūr el ḥaql (m)	صرصور الحقل
luciérnaga (f)	yarā'a (f)	يراعة
mariquita (f)	xonfesa mena'ṭṭa (f)	خنفسة منقّطة
sanjuanero (m)	xonfesa motlefa lel nabāt (f)	خنفسة متلفة للنبات
sanguijuela (f)	'alaqa (f)	علقة
oruga (f)	yasrū' (m)	يسروع
lombriz (m) de tierra	dūda (f)	دودة
larva (f)	yaraqa (f)	يرقة

La flora

142. Los árboles

árbol (m)	ʃagara (f)	شجرة
foliáceo (adj)	nafḍiya	نفضيّة
conífero (adj)	ṣonoberiya	صنوبرية
de hoja perenne	dā'emet el χoḍra	دائمة الخضرة
manzano (m)	ʃagaret toffāḥ (f)	شجرة تفّاح
peral (m)	ʃagaret komettra (f)	شجرة كمثّرى
cerezo (m), guindo (m)	ʃagaret karaz (f)	شجرة كرز
ciruelo (m)	ʃagaret bar'ū' (f)	شجرة برقوق
abedul (m)	batola (f)	بتولا
roble (m)	ballūṭ (f)	بلّوط
tilo (m)	zayzafūn (f)	زيزفون
pobo (m)	ḥūr rāgef	حور راجف
arce (m)	qayqab (f)	قيقب
pícea (f)	rateng (f)	راتينج
pino (m)	ṣonober (f)	صنوبر
alerce (m)	arziya (f)	أرزية
abeto (m)	tanūb (f)	تنوب
cedro (m)	el orz (f)	الأرز
álamo (m)	ḥūr (f)	حور
serbal (m)	ɣobayrā' (f)	غبيراء
sauce (m)	ṣefsāf (f)	صفصاف
aliso (m)	gār el mā' (m)	جار الماء
haya (f)	el zān (f)	الزان
olmo (m)	derdar (f)	دردار
fresno (m)	marān (f)	مران
castaño (m)	kastanā' (f)	كستناء
magnolia (f)	maɣnolia (f)	ماغنوليا
palmera (f)	naχla (f)	نخلة
ciprés (m)	el soro (f)	السرو
mangle (m)	mangrūf (f)	مانجروف
baobab (m)	baobab (f)	باوباب
eucalipto (m)	eukalyptus (f)	أوكالبتوس
secoya (f)	sequoia (f)	سيكويا

143. Los arbustos

mata (f)	ʃogeyra (f)	شجيرة
arbusto (m)	ʃogayrāt (pl)	شجيرات

vid (f)	karma (f)	كرمة
viñedo (m)	karam (m)	كرم
frambueso (m)	zar'et tūt el 'alī' el aḥmar (f)	زرعة توت العليق الأحمر
grosellero (m) rojo	keʃmeʃ aḥmar (m)	كشمش أحمر
grosellero (m) espinoso	'enab el sa'lab (m)	عنب الثعلب
acacia (f)	aqaqia (f)	أقاقيا
berberís (m)	berbarīs (m)	برباريس
jazmín (m)	yasmīn (m)	ياسمين
enebro (m)	'ar'ar (m)	عرعر
rosal (m)	ʃogeyret ward (f)	شجيرة ورد
escaramujo (m)	ward el seyāg (pl)	ورد السياج

144. Las frutas. Las bayas

fruto (m)	tamra (f)	تمرة
frutos (m pl)	tamr (m)	تمر
manzana (f)	toffāḥa (f)	تفّاحة
pera (f)	komettra (f)	كمّثرى
ciruela (f)	bar'ū' (m)	برقوق
fresa (f)	farawla (f)	فراولة
guinda (f), cereza (f)	karaz (m)	كرز
uva (f)	'enab (m)	عنب
frambuesa (f)	tūt el 'alī' el aḥmar (m)	توت العليق الأحمر
grosella (f) negra	keʃmeʃ aswad (m)	كشمش أسود
grosella (f) roja	keʃmeʃ aḥmar (m)	كشمش أحمر
grosella (f) espinosa	'enab el sa'lab (m)	عنب الثعلب
arándano (m) agrio	'enabiya ḥāda el χebā' (m)	عنبية حادة الخباء
naranja (f)	bortoqāl (m)	برتقال
mandarina (f)	yosfy (m)	يوسفي
piña (f)	ananās (m)	أناناس
banana (f)	moze (m)	موز
dátil (m)	tamr (m)	تمر
limón (m)	lymūn (m)	ليمون
albaricoque (m)	meʃmeʃ (f)	مشمش
melocotón (m)	χawχa (f)	خوخة
kiwi (m)	kiwi (m)	كيوي
toronja (f)	grabe frūt (m)	جريب فروت
baya (f)	tūt (m)	توت
bayas (f pl)	tūt (pl)	توت
arándano (m) rojo	'enab el sore (m)	عنب الثور
fresa (f) silvestre	farawla barriya (f)	فراولة بريّة
arándano (m)	'enab al aḥrāg (m)	عنب الأحراج

145. Las flores. Las plantas

flor (f)	zahra (f)	زهرة
ramo (m) de flores	bokeyh (f)	بوكيه
rosa (f)	warda (f)	وردة
tulipán (m)	tolīb (f)	توليب
clavel (m)	'oronfol (m)	قرنفل
gladiolo (m)	el dalbūs (f)	الدَلْبوث
aciano (m)	qanṭeryūn ʿanbary (m)	قنطريون عنبري
campanilla (f)	garīs mostadīr el awrā' (m)	جريس مستدير الأوراق
diente (m) de león	handabā' (f)	هندباء
manzanilla (f)	kamomile (f)	كاموميل
áloe (m)	el alowa (m)	الألوّة
cacto (m)	ṣabbār (m)	صبّار
ficus (m)	faykas (m)	فيكس
azucena (f)	zanbaq (f)	زنبق
geranio (m)	ɣarnūqy (f)	غرنوقي
jacinto (m)	el lavender (f)	اللافندر
mimosa (f)	mimoza (f)	ميموزا
narciso (m)	nerges (f)	نرجس
capuchina (f)	abo χangar (f)	أبو خنجر
orquídea (f)	orkid (f)	أوركيد
peonía (f)	fawnia (f)	فاوانيا
violeta (f)	el banafseg (f)	البنفسج
trinitaria (f)	bansy (f)	بانسي
nomeolvides (f)	'āzān el fa'r (pl)	آذان الفأر
margarita (f)	aqwaḥān (f)	أقحوان
amapola (f)	el χoʃχāʃ (f)	الخشخاش
cáñamo (m)	qanb (m)	قنب
menta (f)	neʿnāʿ (m)	نعناع
muguete (m)	zanbaq el wādy (f)	زنبق الوادي
campanilla (f) de las nieves	zahrat el laban (f)	زهرة اللبن
ortiga (f)	'arrāṣ (m)	قرّاص
acedera (f)	ḥammāḍ bostāny (m)	حمّاض بستاني
nenúfar (m)	niloferiya (f)	نيلوفرية
helecho (m)	sarχas (m)	سرخس
liquen (m)	aʃna (f)	أشنة
invernadero (m) tropical	ṣoba (f)	صوبة
césped (m)	ʿoʃb aχḍar (m)	عشب أخضر
macizo (m) de flores	geneynet zohūr (f)	جنينة زهور
planta (f)	nabāt (m)	نبات
hierba (f)	ʿoʃb (m)	عشب
hoja (f) de hierba	ʿoʃba (f)	عشبة

hoja (f)	wara'a (f)	ورقة
pétalo (m)	wara'et el zahra (f)	ورقة الزهرة
tallo (m)	sāq (f)	ساق
tubérculo (m)	darna (f)	درنة
retoño (m)	nabta saɣīra (f)	نبتة صغيرة
espina (f)	ʃawka (f)	شوكة
florecer (vi)	fattaḥet	فتّحت
marchitarse (vr)	debel	ذبل
olor (m)	rīḥa (f)	ريحة
cortar (vt)	'aṭa'	قطع
coger (una flor)	'aṭaf	قطف

146. Los cereales, los granos

grano (m)	ḥobūb (pl)	حبوب
cereales (m pl) (plantas)	maḥaṣīl el ḥubūb (pl)	محاصيل الحبوب
espiga (f)	sonbola (f)	سنبلة
trigo (m)	'amḥ (m)	قمح
centeno (m)	ʃelm mazrū' (m)	شيلم مزروع
avena (f)	ʃofān (m)	شوفان
mijo (m)	el deχn (m)	الدُخن
cebada (f)	ʃe'īr (m)	شعير
maíz (m)	dora (f)	ذرة
arroz (m)	rozz (m)	رز
alforfón (m)	ḥanṭa soda' (f)	حنطة سوداء
guisante (m)	besella (f)	بسلّة
fréjol (m)	faṣolya (f)	فاصوليا
soya (f)	fūl el ṣoya (m)	فول الصويا
lenteja (f)	'ads (m)	عدس
habas (f pl)	fūl (m)	فول

LOS PAÍSES. LAS NACIONALIDADES

147. Europa occidental

Europa (f)	orobba (f)	أوروبّا
Unión (f) Europea	el etteḥād el orobby (m)	الإتّحاد الأوروبّي
Austria (f)	el nemsa (f)	النمسا
Gran Bretaña (f)	briṭaniya el ʿozma (f)	بريطانيا العظمى
Inglaterra (f)	engeltera (f)	إنجلترا
Bélgica (f)	balʒīka (f)	بلجيكا
Alemania (f)	almānya (f)	ألمانيا
Países Bajos (m pl)	holanda (f)	هولندا
Holanda (f)	holanda (f)	هولندا
Grecia (f)	el yunān (f)	اليونان
Dinamarca (f)	el denmark (f)	الدنمارك
Irlanda (f)	irelanda (f)	أيرلندا
Islandia (f)	ʾāyslanda (f)	آيسلندا
España (f)	asbānya (f)	إسبانيا
Italia (f)	eṭālia (f)	إيطاليا
Chipre (m)	ʾobroṣ (f)	قبرص
Malta (f)	malṭa (f)	مالطا
Noruega (f)	el nerwīg (f)	النرويج
Portugal (m)	el bortoɣāl (f)	البرتغال
Finlandia (f)	finlanda (f)	فنلّندا
Francia (f)	faransa (f)	فرنسا
Suecia (f)	el sweyd (f)	السويد
Suiza (f)	swesra (f)	سويسرا
Escocia (f)	oskotlanda (f)	اسكتلندا
Vaticano (m)	el vatikān (m)	الفاتيكان
Liechtenstein (m)	liʃtenʃtayn (m)	ليشتنشتاين
Luxemburgo (m)	luksemburg (f)	لوكسمبورج
Mónaco (m)	monako (f)	موناكو

148. Europa central y oriental

Albania (f)	albānia (f)	ألبانيا
Bulgaria (f)	bolɣāria (f)	بلغاريا
Hungría (f)	el magar (f)	المجر
Letonia (f)	latvia (f)	لاتفيا
Lituania (f)	litwānia (f)	ليتوانيا
Polonia (f)	bolanda (f)	بولّندا

Rumania (f)	romānia (f)	رومانيا
Serbia (f)	ṣerbia (f)	صربيا
Eslovaquia (f)	slovākia (f)	سلوفاكيا
Croacia (f)	kroātya (f)	كرواتيا
Chequia (f)	gomhoriya el tʃīk (f)	جمهورية التشيك
Estonia (f)	estūnia (f)	إستونيا
Bosnia y Herzegovina	el bosna wel harsek (f)	البوسنة والهرسك
Macedonia	maqdūnia (f)	مقدونيا
Eslovenia	slovenia (f)	سلوفينيا
Montenegro (m)	el gabal el aswad (m)	الجبل الأسوّد

149. Los países de la antes Unión Soviética

Azerbaiyán (m)	azrabiʒān (m)	أذربيجان
Armenia (f)	armīnia (f)	أرمينيا
Bielorrusia (f)	belarūsia (f)	بيلاروسيا
Georgia (f)	ʒorʒia (f)	جورجيا
Kazajstán (m)	kazaχistān (f)	كازاخستّان
Kirguizistán (m)	qirɣizestān (f)	قيرغيزستان
Moldavia (f)	moldāvia (f)	مولدافيا
Rusia (f)	rūsya (f)	روسيا
Ucrania (f)	okrānia (f)	أوكرانيا
Tayikistán (m)	ṭaʒīkistan (f)	طاجيكستان
Turkmenistán (m)	turkmānistān (f)	تركمانستان
Uzbekistán (m)	uzbakistān (f)	أوزبكستان

150. Asia

Asia (f)	asya (f)	آسيا
Vietnam (m)	vietnām (f)	فيتنام
India (f)	el hend (f)	الهند
Israel (m)	isra'īl (f)	إسرائيل
China (f)	el ṣīn (f)	الصين
Líbano (m)	lebnān (f)	لبنان
Mongolia (f)	manɣūlia (f)	منغوليا
Malasia (f)	malīzya (f)	ماليزيا
Pakistán (m)	bakistān (f)	باكستان
Arabia (f) Saudita	el soʿodiya (f)	السعوديّة
Tailandia (f)	tayland (f)	تايلاند
Taiwán (m)	taywān (f)	تايوان
Turquía (f)	turkia (f)	تركيا
Japón (m)	el yabān (f)	اليابان
Afganistán (m)	afɣanistan (f)	أفغانستان

Bangladesh (m)	bangladeʃ (f)	بنجلاديش
Indonesia (f)	indonisya (f)	إندونيسيا
Jordania (f)	el ordon (m)	الأردن
Irak (m)	el ʿerāq (m)	العراق
Irán (m)	iran (f)	إيران
Camboya (f)	kambodya (f)	كمبوديا
Kuwait (m)	el kuweyt (f)	الكويت
Laos (m)	laos (f)	لاوس
Myanmar (m)	myanmar (f)	ميانمار
Nepal (m)	nebāl (f)	نيبال
Emiratos (m pl) Árabes Unidos	el emārāt el ʿarabiya el mottaḥeda (pl)	الإمارات العربية المتّحدة
Siria (f)	soria (f)	سوريا
Palestina (f)	felesṭīn (f)	فلسطين
Corea (f) del Sur	korea el ganūbiya (f)	كوريا الجنوبيّة
Corea (f) del Norte	korea el ʃamāliya (f)	كوريا الشماليّة

151. América del Norte

Estados Unidos de América (m pl)	el welayāt el mottaḥda el amrīkiya (pl)	الولايات المتّحدة الأمريكيّة
Canadá (f)	kanada (f)	كندا
Méjico (m)	el maksīk (f)	المكسيك

152. Centroamérica y Sudamérica

Argentina (f)	arʒantīn (f)	الأرجنتين
Brasil (m)	el barazīl (f)	البرازيل
Colombia (f)	kolombia (f)	كولومبيا
Cuba (f)	kūba (f)	كوبا
Chile (m)	tʃīly (f)	تشيلي
Bolivia (f)	bolivia (f)	بوليفيا
Venezuela (f)	venzweyla (f)	فنزويلا
Paraguay (m)	baraguay (f)	باراجواي
Perú (m)	beru (f)	بيرو
Surinam (m)	surinam (f)	سورينام
Uruguay (m)	uruguay (f)	أوروجواي
Ecuador (m)	el equador (f)	الإكوادور
Islas (f pl) Bahamas	gozor el bahāmas (pl)	جزر البهاماس
Haití (m)	haīti (f)	هايتي
República (f) Dominicana	gomhoriya el dominikan (f)	جمهوريّة الدومينيكان
Panamá (f)	banama (f)	بنما
Jamaica (f)	ʒamayka (f)	جامايكا

153. África

Egipto (m)	maṣr (f)	مصر
Marruecos (m)	el maɣreb (m)	المغرب
Túnez (m)	tunis (f)	تونس
Ghana (f)	ɣana (f)	غانا
Zanzíbar (m)	zanʒibār (f)	زنجبار
Kenia (f)	kenya (f)	كينيا
Libia (f)	libya (f)	ليبيا
Madagascar (m)	madaɣaʃkar (f)	مدغشقر
Namibia (f)	namibia (f)	ناميبيا
Senegal (m)	el senɣāl (f)	السنغال
Tanzania (f)	tanznia (f)	تنزانيا
República (f) Sudafricana	afreqia el ganūbiya (f)	أفريقيا الجنوبيّة

154. Australia. Oceanía

Australia (f)	ostorālya (f)	أستراليا
Nueva Zelanda (f)	nyu zelanda (f)	نيوزيلنّدا
Tasmania (f)	tasmania (f)	تاسمانيا
Polinesia (f) Francesa	bolenezia el faransiya (f)	بولينزيا الفرنسيّة

155. Las ciudades

Ámsterdam	amesterdam (f)	امستردام
Ankara	ankara (f)	أنقرة
Atenas	atīna (f)	أثينا
Bagdad	baɣdād (f)	بغداد
Bangkok	bangkok (f)	بانكوك
Barcelona	barʃelona (f)	برشلونة
Beirut	beyrut (f)	بيروت
Berlín	berlin (f)	برلين
Mumbai	bombay (f)	بومباى
Bonn	bonn (f)	بون
Bratislava	bratislava (f)	براتيسلافا
Bruselas	broksel (f)	بروكسل
Bucarest	buχarest (f)	بوخارست
Budapest	budabest (f)	بودابست
Burdeos	bordu (f)	بوردو
El Cairo	el qahera (f)	القاهرة
Calcuta	kalkutta (f)	كلكتا
Chicago	ʃikāgo (f)	شيكاجو
Copenhague	kobenhāgen (f)	كوبنهاجن
Dar-es-Salam	dar el salām (f)	دار السلام
Delhi	delhi (f)	دلهي

Dubai	dubaī (f)	دبي
Dublín	dablin (f)	دبلن
Dusseldorf	dusseldorf (f)	دوسلدورف
Estambul	isṭanbul (f)	إسطنبول
Estocolmo	stokχolm (f)	ستوكهولم
Florencia	florensa (f)	فلورنسا
Fráncfort del Meno	frankfurt (f)	فرانكفورت
Ginebra	ʒenive (f)	جنيف
La Habana	havana (f)	هافانا
Hamburgo	hamburg (m)	هامبورج
Hanói	hanoy (f)	هانوى
La Haya	lahāy (f)	لاهاى
Helsinki	helsinki (f)	هلسنكي
Hiroshima	hiroʃīma (f)	هيروشيما
Hong Kong	hong kong (f)	هونج كونج
Jerusalén	el qods (f)	القدس
Kiev	kyiv (f)	كييف
Kuala Lumpur	kuala lumpur (f)	كوالالمبور
Lisboa	laʃbūna (f)	لشبونة
Londres	london (f)	لندن
Los Ángeles	los anʒeles (f)	لوس أنجلوس
Lyon	lyon (f)	ليون
Madrid	madrīd (f)	مدريد
Marsella	marsilia (f)	مرسيليا
Ciudad de México	madīnet meksiko (f)	مدينة مكسيكو
Miami	mayami (f)	ميامي
Montreal	montreal (f)	مونتريال
Moscú	moskū (f)	موسكو
Múnich	muniχ (f)	ميونخ
Nairobi	nayrobi (f)	نيروبي
Nápoles	naboli (f)	نابولي
Niza	nīs (f)	نيس
Nueva York	nyu york (f)	نيويورك
Oslo	oslo (f)	أوسلو
Ottawa	ottawa (f)	أوتاوا
París	baris (f)	باريس
Pekín	bekīn (f)	بيكين
Praga	braɣ (f)	براغ
Río de Janeiro	rio de ʒaneyro (f)	ريو دي جانيرو
Roma	roma (f)	روما
San Petersburgo	sant betersburɣ (f)	سانت بطرسبرغ
Seúl	seūl (f)	سيول
Shanghái	ʃanghay (f)	شنجهاي
Singapur	sinɣafūra (f)	سنغافورة
Sydney	sydney (f)	سيدني
Taipei	taybey (f)	تايبيه
Tokio	ṭokyo (f)	طوكيو

Toronto	toronto (f)	تورونتو
Varsovia	warsaw (f)	وارسو
Venecia	venesya (f)	فينيسيا
Viena	vienna (f)	فيينا
Washington	waʃinṭon (f)	واشنطن

www.ingramcontent.com/pod-product-compliance
Lightning Source LLC
Chambersburg PA
CBHW070602050426
42450CB00011B/2946
* 9 7 8 1 7 8 7 1 6 7 3 8 4 *